就业赛道怎么选

韩秀云 著

国际文化出版公司
·北京·

图书在版编目（CIP）数据

就业赛道怎么选 / 韩秀云著．-- 北京 ：国际文化出版公司，2023.3

ISBN 978-7-5125-1502-4

Ⅰ．①就… Ⅱ．①韩… Ⅲ．①就业－研究－中国 Ⅳ．① D669.2

中国版本图书馆 CIP 数据核字 (2023) 第 002839 号

就业赛道怎么选

作　　者	韩秀云
责任编辑	吴赛赛
策划编辑	张金蓉
出版发行	国际文化出版公司
经　　销	国文润华文化传媒（北京）有限责任公司
印　　刷	三河市中晟雅豪印务有限公司
开　　本	880 毫米 ×1230 毫米　　32 开 8.125 印张　　143 千字
版　　次	2023 年 3 月第 1 版 2023 年 3 月第 1 次印刷
书　　号	ISBN 978-7-5125-1502-4
定　　价	65.00 元

国际文化出版公司
北京朝阳区东土城路乙 9 号　　邮编：100013
总编室：（010）64270995　　传真：（010）64270995
销售热线：（010）64271187
传真：（010）64271187-800
E-mail：icpc@95777.sina.net

序言

很多人感慨，现在就业形势变了，找工作特别难。

2022 年有超千万毕业生要找工作，而 2021 年下岗的数百万人也要找工作，这么多人涌入就业市场，真可谓“压力山大”。目前我国就业市场供过于求，很多人找不到工作。解决就业问题是我国面临的头等大事。

以前是初、高中生毕业找不到工作，现在大学毕业生和失业的人都找不到工作，甚至有些老板去开网约车，去送外卖了。

公司关门了，就业岗位少了，找工作就更难了。当然，目前的就业难题并不是我国特有的，它是世界各国都面临的难题。我国是一个发展中国家，过去就业机会很多，但当前就业形势变得严峻起来。我们该如何面对就业形势的变化，选好自己的赛道，这是本书想探讨的话题。

这是一本写给社会普通阶层、普通大众的书，没有任何难懂的理论。无论你学什么专业，哪怕你没读过多少书，也能看懂这本书。本书分析了我国的就业难题，就业现状，就业形势的变化；哪些赛道有商机，哪些行业已过时，什么职业会消失，当下职业新宠儿，我对职场的思考，等等。

本书想给求职的年轻人一点帮助，希望你在找工作时，知道机会在哪里，风险在哪里；帮你做出正确选择，无论面对怎样的境况，都能够安身立命，找到适合自己的工作。希望这本书能为你分忧、解惑，并带去希望。

目前我国有四千万中小企业。只有企业活了，才有几亿人的就业岗位。让中小企业活下去，让民营企业活下去，让 360 个行业都能正常转动起来，一切才有希望。

就业问题不该由政府全部承担，政府要做的是创造就业条件，促进就业，做好服务，帮助人们找到工作。政府应该引导每个人发挥积极性和主动性，让人们站起来工作，经济才有希望，百姓才有收入。

我国历史上有过几次下岗潮：“50 后”赶上“上山下乡”；

"60 后"赶上 1998 年国企改制下岗潮；"80 后"赶上 2021 年的教培双减、大厂裁员潮；"00 后"赶上疫情失业潮。每个时代都有各自的难题。

2023 年是一个解决就业年，需要国人共同努力，众志成城，每个人都要自救，而自救最好的方式就是找份工作先干起来，就业形势才会有好转。

希望年轻人别抱怨，别躺平，更别啃老，你的青春你做主。要知道就业形势变了，你要因变而变，发挥自己的主观能动性，在"危"中看到"机"，学会在逆境中生存。

目录

part 1

就业形势有多难

part **2**

我国就业现状

part **3**

哪些赛道有商机

part 5 当下职业新宠儿

part 6 职场的思考

part 7

就业形势的变化

part 1

就业形势有多难

2022 年就业有多难

2022 年的就业压力很大，一边是创历史新高的毕业生人数；一边是就业岗位的减少。据教育部、人力资源和社会保障部（以下简称人社部）的统计，2022 年高校毕业生是 1076 万人，首次突破千万大关。从 2011—2019 年近 10 年高校毕业生才增加 174 万人，而 2022 年一年就比上一年增加了 167 万人。受国外疫情影响，2021 年回国就业留学生突破 100 万人，这对同期国内高校毕业生的就业也会产生一定的冲击。

从就业岗位的减少看，2021 年受政策影响，我国教培行业近千万人面临转型、房地产企业“雷声阵阵”、高速成长的互联网大厂也迎来了大规模裁员潮，这些都会对 2022 年就业造成一定的影响。概括就业难的原因是，毕业生供给过剩，就业岗位需求不足，导致 2022 年的就业难。

目前名校毕业生的求职意愿都在下降。从2016—2020年，我国排名前十的高校毕业生，就业比例从61%下降到57%，选择继续深造的比例从39%上升到43%。另一方面，数量庞大的普通高校毕业生面对严峻的就业形势，越来越多的人选择“慢就业”，相应催生了考研热、教资热和考公热。

2022年研究生报考人数突破457万，比2021年增加80万；公务员报考人数突破200万；教师资格证考试报名人数突破千万。在就业形势严峻的情况下，职业稳定成了人们共同的追求。

毕业生就业难有两点原因：

第一，从学校来看，人才培养与实际工作的脱节。服务业是容纳高校毕业生最多的产业。2019年，我国高等教育进入普及化时代。我国服务业增加值占国内生产总值的比重为54%。20世纪70年代，美国服务业增加值占国内生产总值的比重就超过70%。差异的根本原因是我国高等教育培养的学生大部分贡献在于对社会系统的效率提升优化，而不是推进产业结构发生质的变化。比如，电商提升了购物的效率，网约车优化了出行体验，但这种优化和提升是有限的。所以当年高歌猛进的互联网行业在2021年黯然失色了很多，“互联网行业也要凉了”的声音甚嚣尘上。事实上，我国需要的是产业结构转型。

第二，从学生本身来看：对自身定位不清，心高气傲。很多学生毕业要找工作了，依旧不知道自己想做什么，自己适合做什么，一部分学生为逃避就业，盲目跟风考研、考公务员，或者是月薪不过万、年薪不到 50 万甚至百万誓不就业，或者干脆远离职场、脱离社会、在家啃老。

殊不知这样就浪费了优质资源，因为国家对应届毕业生给了很多就业帮扶政策，比如一些招聘明确要求应届生的身份。同时，还会形成恶性循环，应届毕业生图一时轻松待业在家，等到再就业时面对瞬息万变的职场，对就业的恐惧心理会只增不减。

就业压力比往年大，但办法总比困难多。古人云，“自助者天助”，国家想办法稳就业，作为个人，也要提前做点什么，提高你的就业竞争力。比如，尽可能多地参加一些实习锻炼的机会，增加工作经验；持续关注招聘信息，与老师、同学多交流沟通，拓宽自己的就业渠道；认真做好职业规划，提前学习，积累未来工作中所需要的技能，等等。

年轻人就业难在哪儿

国家统计局2022年数据显示，8月，全国城镇调查失业率为5.3%。也就是说，每100人中有将近6个人处于失业状态。其中，16～24岁年轻人调查失业率是18.7%，年轻人陷入就业难的困境。

就业到底难在哪儿?

首先，16～24岁人员的流动性大。16～24岁占较大比例的就业人口没受过高等教育，就进入了社会谋求生活。他们一般会选择去工厂或工地从事体力劳动，或从事服务行业，做服务生送外卖等。这些工作的技术难度不高，可替代性强，人员流动性大。还有刚毕业的大学生接受高等教育后，不甘心干高投入低回报的工作。于是他们选择短期工作过渡职业，离职率高。

其次，就业总量大，就业结构不合理。2022 届高校毕业生达千万人，但进入就业市场的远不止这个数。还有海归人员，自考、函授等非全日制高校毕业生，初、高中毕业生，仍未就业的 2021 届毕业生等。但在工业与外贸行业中，许多企业招工难，所谓“旱的旱死，涝的涝死”，导致我国就业市场出现了结构性失衡。

我国就业难在工作岗位的供求不匹配。不是毕业生没有工作，而是没有他们想做的工作。

我国大学生失业多数是摩擦性失业，这是宏观经济的概念，比如一些人想寻找待遇好的工作，但客观原因是服务性行业不景气，公司不想扩张招人。新进入劳工市场不能马上消化，就导致了摩擦性失业。还有结构性失业，就是需要找工作，但劳动力供给和需求不吻合，工厂需要大量技工，但大学生干不了。

化解年轻人就业难题，对于相关部门而言，要做职业教育和引导，有针对性地培养职业技能。对于年轻人而言，具备干好一项工作的能力很重要。先找一个工作干起来，而不是陷入选择的两难中。我国经济持续在恢复，服务业也逐渐重启，新进入的劳动力会被逐渐吸收，虽然不会马上改变，但希望在明天。

一边用工荒，一边求职难

人社部发布的2022年第一季度职业缺口最大的100个职业排行榜，数据显示，2022年第一季度缺口数从2021年第四季度的92.9万人上升到105.5万人（上升13.56%），首次突破100万人关口。

新进排行榜的29个职业中，有20个与制造业直接相关，占比69.0%，这表明2022年制造业复苏势态相当迅猛。与餐饮、旅游等相关的消费类职业需求加大，像中式烹调师、客房服务员、前厅服务员、餐厅服务员等职业排位上升，表明餐饮旅游业正在复苏。

上边说的是用工荒，还有求职难。2022年第一季度16～24岁的年轻人失业率调查显示，年轻人失业率已经达到了18.3%。让人不解的是，为何一面有超过百万的人才缺口，众多新职业选择方向，另一面还有大量青年找不到合适的工作呢？

首先，行业发展无法满足求职者需求。视频平台 BILIBILI 联合数据媒体 DT 财经发布了一份《2021 年青年新职业指南》报告，能看到年轻人对待新职业的态度。12% 的年轻人正兼职尝试新职业，5.5% 已经全职投入，58.5% 希望尝试。超过 78% 的年轻人青睐新职业是因为“符合兴趣爱好”。很显然，缺工排名比较靠前的岗位都是比较辛苦且一线的岗位，很多职业薪资低且工作强度较大，待遇条件很难满足年轻人的发展需求，因而遭到了排斥。

其次，岗位要求与个人能力不一致。很多岗位是要求应聘者能力具备一定胜任度的，尤其是新职业、新技术工种。不少年轻人自身能力不强，要么专业性不够，与市场需求不配套；要么缺少职业发展规划，职业意识不强，求职能力欠缺，无法把握机会。

我国就业情况一边是“用工荒”，一边是“求职难”。想要解决这两者矛盾最关键的首要问题，还是解决好这部分需求量较大职业的薪资与福利待遇问题，将其提升至求职者的预期范围之内，缺口与失业率才有下降的可能。求职者也需要结合自身情况选择先就业、再择业。

给不同类型失业者的建议

我想大家也都感受到了，年轻人找不到工作的现象很常见，这里给大家普及一下经济学知识。

在经济学里，失业分为三种类型：摩擦性失业、结构性失业、周期性失业。不同的失业类型，对应有不同的解决之道。

第一种：摩擦性失业。

摩擦性失业，是指企业与求职者之间信息不畅，或者求职者因为地区间移动等原因产生的失业，“摩擦”，这里有擦肩而过的意思。比如，有人一份工作已做了一段时间，发现这份工作跟自己的长远发展方向不一致，想换份工作，但换工作很难做到无缝衔接，需要时间寻找，这个时间间隔导致的失业就叫作“摩擦性失业”。

从社会角度讲，摩擦性失业很常见，随时都有人因薪资、个人发展、家庭生活等原因换工作。摩擦性失业未必是坏事。对社会，它是一种资源重组，让资源配置更优化，利益最大化；对个人，需要短暂的失业来调整方向，明确目标，才能发挥自己的潜能。所以摩擦性失业并不需要太担心，真正有较大影响的是后两种失业。

第二种：结构性失业。

结构性失业是指“劳动力的供给和需求不匹配所造成的失业”。比如一些行业爆发了，另一些行业衰落了。新技术淘汰老技术是必然趋势。这个过程中一些岗位就会被淘汰，出现大量裁员；而另一些岗位就会出现缺口，但劳动力供给一时半会儿跟不上，毕竟学习新知识、新技能需要时间。这种供需结构不匹配导致的失业，叫结构性失业。

例如：我国制造业正在向着高端智能制造转型，人工智能（AI）、半导体、集成电路、机器人，这些领域都需要大量人才，但相关人才却非常少。而另一边，传统工厂的日子越来越难，技术产能落后，又面临东南亚廉价劳动力的竞争，利润越来越微薄，因此很多年轻人宁愿待业在家，或者灵活就业，也不愿意拿着低薪进工厂，这样导致的失业就属于结构性失业。还有，这两年的房地产、教培、互联网产业都因不同原因而遭受缩减，相关岗位供过于求，大量从业者失业了，很多人都面临转行再找工作的境遇，这些也属于结构性失业，是由于产业结构的调整而失业。

第三种："周期性失业"。

周期性失业一般出现在经济萧条期，是由于总需求不足而引起的失业。例如：国家遇到了外部因素的影响，导致服务业、餐饮业、交通运输业等，有大量人员失业。

我们知道，经济运转需要货币的流通。面包师用卖面包赚的钱去买衣服，服装商用卖衣服赚的钱去买汽车，汽车商用卖汽车赚的钱去买家具，等等。只有货币流通起来，才能带动更多人就业，经济才能良好运转。

可人们因为某些原因对未来预期突然不好了，更倾向于储蓄而不愿意消费。货币流通不起来，无法带动消费；不消费各行各业都赚不到钱，只好裁员去产能，被裁的人多了就更没钱消费了。并且裁员传递的消极信号，让更多人更不敢消费了，担心自己哪天也被裁了……如此一来，经济就迎来下行周期。这样造成的失业叫周期性失业，它对社会的影响是普遍性的。这时就需要政府采用财政和货币政策等刺激手段让经济重新恢复活力。

当下，这三种类型是同时存在的。

对于摩擦性失业我们不用担心。换工作并不是无缝衔接就最好，有时候停下来是为了跑得更快。当然，如果能尽量缩短摩擦性失业的时间，就可以让自己的损失做到最小化。

对于结构性失业，我们可能就要做好转行的准备了，但尽量不换岗位。比如，以前做人事的人，可以继续去别的行业做人事，而不要轻易转型做业务。因为不同岗位对应不同的思维模式，当中的切换成本较高；而换行业，只需要补足行业的相关知识，切换成本较低。

对于周期性失业，我们可能就要多一些耐心了，眼下可以根据自己的优势找一份工作先干着，养活自己和家人，闲暇之余多提升自己，待经济复苏，再重拾旧业也不迟。

毕业生的就业尴尬

应届毕业生有多尴尬？他们寒窗苦读十余年，毕业季临近，放眼望去，就业市场招工的大多是工厂、装修等劳动密集型行业。过去红火的新兴行业，如互联网、房地产、教培如今都在不同程度地收缩。

很多2000年后出生的年轻人，互联网黄金时代恰好贯穿了他们的学习生涯，互联网改变世界的口号响彻耳边，造富神话目睹了一个又一个。当他们毕业后想投身其中的时候，行业却迎来大转型。

眼下毕业生就业市场的矛盾是大学生学了很多综合知识，但市场上却没有足量的适配岗位，大学生就业问题该如何去解呢？短期解法就是“等”，有人待业在家，有人灵活就业，有人考公、考编、考研，都在用时间换空间，等待市场新兴行业的崛起。

从长远来看，解决大学生就业有两个思路：一是人才匹配；二是发展服务业。

念了这么多年书，毕业生都不甘心当工人，但我国制造业又需要更多工人，该怎么办？就要从学校开始培养，对应“双轨制教育”。但改革过程不可一蹴而就，如何说服家长愿意让孩子上技校，这不光是教育问题，也是社会问题。

从个人层面看，有人把技工面临的问题概括为“三高两低一难”。“三高”是岗位要求高、工伤风险高、岗位职责高；“两低”是工资低、地位低；“一难”是找对象难。这些问题不解决，从事技工就没有安全感和职业荣誉感，年轻人就不愿意读技校。

要想解决技工待遇的问题，就要上升到宏观层面。眼下我国从“世界工厂”向产业链上游进军，追赶过程是漫长的。我国现有的工厂一部分还是以传统小作坊为主，环境普遍有待提高，只有当产业升级后，我国技工的待遇才能普遍提高，当技工薪资不低于白领、有足够上升通道后，就会有更多家长和孩子把念技校、当技工当成一种选择。

就业的第二个思路是，扩大市场需求，发展服务业。从历史经验看，当一国人均 GDP 跨越一万美元门槛后，产业结构就会向服务业倾斜。2020 年我国服务业 GDP 占比为 54.5%，相比日本、德国、美国等发达国家普遍 70% 以上的占比，还有不少提升空间。

发展经济的最终目的是提升人民的生活水平。随着社会生产效率的逐步提高，需要人的生产岗位会越来越少，人们便会腾出更多的时间和精力，去探索马斯洛金字塔的上层需求，比如社交需求、尊重需求和自我实现的需求。

在社会经济层面上，这些需求对应的就是各式各样的服务业了。比如教育服务、心理服务、医美服务、健身服务、旅游服务、宠物服务等。如果按人群划分，也可以划分出老人服务、幼儿服务、亲子服务、情侣服务、单身服务，等等。

预计未来会有很多服务业抬头，它能促进消费，拉动经济的内循环，创造出更多就业岗位，这些岗位需要年轻人的想象力和创造力。从长远来看，服务业将是吸纳大学毕业生就业的一大重要方向。希望当下待就业的年轻人能熬得住孤独的长夜，积蓄力量等待时机的来临。

互联网大厂的裁员潮

最近互联网大厂裁员的消息冲上了热搜。金三银四本是春招旺季，但 2022 年求职者不仅难以获得心仪的工作，在职员工还要面临大裁员。实际上不只是互联网大厂，从 2021 年年末，多家互联网公司就已传出了“裁员”消息。

在这之前，互联网企业过惯了富裕日子，即便再困难，还有广告收入保底。但从 2021 年开始，教育、房产等大手笔的广告投放没了，让很多互联网企业的广告业务大幅缩水，从上市互联网公司财报来看，广告收入从过去两位数的增速，到 2021 年第三、四季度增速明显下滑至个位数。广告减少，是因为上游企业的经济环境受到了影响，很多企业都没钱投广告了。

过去 20 年，互联网行业不断扩张，快速生长，涌现出众多巨头。但随着人口红利消失及资本退潮，互联网大厂重新梳理自己的业务范围，越来越多与主业无关的业务或被关停或被裁撤。之前堆积出来的人才泡沫被逐渐刺破，互联网大厂的裁员正是刺破互联网泡沫的开始。

可能有人会问，这和我们普通人有何关系？国家已经指明了大方向：脱虚向实，规避资本的无序扩张，发展硬科技。互联网企业要想继续活下去，就要顺势而为，主动转型，助力制造业等实体经济发展。要转型就会面临阵痛，裁员、降薪等现象必然会发生，当互联网的造富神话被逐渐打破，不知道还有多少年轻人挤破头要进大厂？

年轻人躺平可耻吗

最近两年来“躺平”这个词引发大众热议，有人吐槽说年轻人选择躺平是一种可耻行为。其实简单粗暴地否定没有任何实质意义，我们要客观地看待躺平现象。

什么是躺平？就是无论做什么，这个人的内心都无欲无求，毫无波澜。是指一部分人不想工作，不想上班，不想消费，不想恋爱，不想结婚生子，只想最简单地活着，在生活的各方面都表现为低欲望的心境。为何会出现这种心态呢？

一是自身落差感。对于年轻人来说，离开学校上班后，每天挤两个小时地铁，干着“白加黑”的工作，晚上睡在小房子里，身体出现各种问题，拿的工资远远赶不上房价，有人选择黯然退场，这并不是可耻而是无奈。

二是社会大环境的压力。虽然我国企业表现出旺盛的创新活力，但随之而来的是加班文化的盛行。数据显示，2020 年中国人平均每天休闲时间仅为 2.42 小时，每天工作超过 9 小时，成家的人还有高额的孩子教育经费。

在一个躺平视频里，博主在诙谐幽默中道出无奈，“我 35 岁了，不是不想努力，只是我没有办法了，我知道躺平对不起爹妈”。这些躺平的人更多表现出的是他们对生活的无奈与无望。社会不该对这些人苛责，而是要切实解决他们面临的住房、结婚、生孩子等一系列问题。

有一天，我工作太累了，想休息一下，便来到植物园。那时正值公园月季花盛开，我发现有人躺在椅子上，好羡慕她的惬意，也想感受一下躺平是什么感觉，于是找个椅子坐下了。心想，我也可以躺下休息一会儿，但又一想，我可不能躺平，因为我还有很多工作要做，还有责任，于是我站起身来走了。

躺平和努力，也是种个人选择，无论年轻人选择了什么样的生活方式，社会都该包容，允许别人去选择，一个健康社会在文化和价值观上应该是多元和包容的。经济学研究的是选择，一个人的选择首先是对自己好。如果每一个个体都不好，整个社会又怎么会好呢？

对于躺平这种社会现象，我的理解是：年轻人累了可以躺下，但不能一直躺平。希望你还是站起来，积极面对人生的挑战，希望总是有的。

企业家可以躺平吗

2021 年躺平受到社会猛烈的抨击，2022 年经济形势不好，想躺平的人更多了。我们前文说过，普通人躺平也只是个人选择，但如果企业家都躺平那就有问题了，他们躺平会给社会带来什么呢?

1. 企业家为何躺平?

我国民营企业眼下经营困难，原材料涨价，员工成本上升，生产产品卖到下游不敢涨价，货都卖不出去谁还敢涨价。我国制造业艰难，服务业日子也不好过，很多商场、餐馆、健身房都难以为继了。多数人不知道当一个民企老板有多不容易。因为民企的创业投资解决了就业问题，引领了科技创新。但企业家却时常受到来自各方的压力，让他们感到委屈和无奈，与其这么辛苦地奔波还得不到社会的认可，索性躺平算了。

2. 企业家躺平有什么不好？

一国经济要想发展，必须调动人的积极性，最重要的是调动企业家的积极性，让他们愿意投资办企业、创业，这才会创造出更多的就业机会和岗位。经济好了，企业所得税和个人所得税上缴，才有政府的财政收入，才有公务员的开支，才有国家行政部门的存在。这一切都有赖于企业家的创业和资本投资。

一国生产有三要素：劳动力、资本、土地。这三要素配合起来才能创造财富。劳动力和土地都好理解，我们说说资本，资本包括很多：既有国有资本、社会资本，也有私人资本、民营资本、国外资本，等等。资本并不是人们理解的万恶之源。资本是一种资金的资源，它表现为一个硬币的两面，既有利也有弊，但利大于弊。如果没有资本驱动，人类社会又怎能走到今天？

我们要利用资本的好限制资本的恶，社会才能向前发展。由于社会把资本赋予了人格化，例如：某人就代表了某个资本集团，而资本又具有逐利性，有时还会不择手段，但这并不妨碍资本对于技术进步、科技创新、就业和税收的贡献。如果资本出现了问题，政府进行干预，法律法规进行约束资本即可。

我国改革开放引入了外资，而外资就是外国资本。我国在经济发展过程中，恰恰是承认了资本的作用，承认了企业家的作用，承认了创新和创业的重要性，才有改革开放40年的成果，才有了中国经济的飞速发展。

民营企业如雨后春笋般发展壮大起来。民营资本、民营企业家为社会做出了巨大贡献，民营企业贡献了50%以上的税收，60%以上的国内生产总值，70%以上的技术创新成果，80%以上的城镇劳动就业，90%以上的企业数量。正因为有了国资、外资和民营资本的投资，才使得中国经济发展起来，才出现了弯道超车。

经常有人抱怨说年轻人躺平不好，我想说，一个人躺平没影响别人，但企业家躺平就会影响到就业，国家损失就大了。日本和德国在战后的快速崛起，就是因为保留了一批优秀的企业家人才，它们才能在废墟上造出了日本电器和德国汽车，这充分说明人力资本的重要性。

3. 怎样让企业家不再躺平呢?

首先，社会要给予企业家足够的尊重，要保护他们的切身利益，保护他们的财产权，让他们放心在中国发展，还要形成全民共识。是什么共识呢？就是先有财富创造才有财富分配；不创造财富就分不了财富。要正确评价每一个社会阶层的作用，尤其要给予做出贡献的企业家阶层足够的尊重和正确评价。马斯洛的需求层次理论说，人有五个层次需求，而尊重需求很重要，个人成就和人生价值也很重要，全社会对于企业家阶层的价值肯定是眼下最重要的。

其次，鼓励创业和投资解决就业问题，而改变企业家的预期，转变社会舆论更重要。要让企业家看到自身希望、国家希望、未来希望，愿意把一切贡献给自己的国家。这是民之所望，国之所望，也是大家的盼望。只有这样，企业家才有动力，才愿意创业和创新，才愿意把钱投资到这里。眼下我国各级政府都在出台措施，给予企业各种扶植政策。

我想对企业家朋友说：眼下的困难是前进中的困难，中国的未来是大有希望的。我国有完整的产业链，有 14 亿人的大市场，有人们对美好生活的追求，这一切都是我国的优势所在，希望企业家们别躺平，勇敢冲到第一线，为国家和人民的福祉去努力。

年纪轻轻为何卸任

2022 年，我国三大电商平台的 CEO 都陆续卸任了。这些互联网老总为何在大好年纪纷纷选择功成身退呢？是钱赚够了，还是干不动了？

有人说，互联网思维就是流量思维，互联网就是抢流量。比如，网约车大战为啥烧这么多钱？因为市场是一定的，但赢家只有一个。谁先抢到足够多的流量，谁就能一举登顶，赢家通吃。很长时间以来，“流量”几乎就是互联网的代名词。

但无论哪个领域，流量都是有天花板的。中国网购用户就这么多，刷短视频用户也就这么多，一开始流量可以哗哗地涨上去，但涨到某个阶段就要转型了。以流量为中心的模式和打法要到头了，甚至老班底也该换了。

俗话说，打江山容易，守江山难。打江山的人早早卸任，折射出一个值得重视的信号，就是时代赚钱的逻辑正在打方向盘。过去开疆拓土强调模式创新；现在精耕细作强调技术创新。过去市场容量够大，人们都在卖力吆喝；现在市场一天比一天卷，人们更加拼内容、拼技术、拼产品。

这种局势对普通人是好还是坏呢？答案是，对普通人来说既是挑战也是机会。现在想买个东西，选择路径实在太多：线下能买，购物网站能买，娱乐平台也能买。随着互联网深化，商品越来越呈横向排列了，消费者很容易货比三家。与过去不同，现在买东西很多都是厂家直接发货，甚至厂家定制发货。不像过去那样要经过各类品牌商、批发商、零售商这些中间渠道。

经济发展的逻辑是越来越追逐效率。当货比人稀缺时，就会有层层中间商在里面分一杯羹；而当人比货稀缺时，就会倒逼商家减少中间成本、把商品的性价比做到极致。这对消费者一定是非常友好的，但也对各类商品的生产者提出了更高的要求。

比如，某农村朋友的农产品足够好，就可绕过品牌直接连接商家，甚至可以在网络平台自己直播带货，平台对三农项目都有流量扶持。

过去人们总说，酒香也怕巷子深，好东西不会营销也会无人问津。但别忘了，技术进步的一大使命就是消灭越来越多的信息不对称。社会发展就是要帮助那些低调的好酒，穿越障碍匹配到真正懂酒的人，这样既符合提升效率原则，又符合公平分配原则，更符合共同富裕的奋斗目标。

从裁员潮看就业趋势

2021年以来，国家对许多传统行业加强了管控，各大公司也通过裁员进行精细化运营。但另一方面，国家对制造业、新能源行业却一路绿灯。这说明什么？一句话：中国支柱型产业正在重新排列组合，随之而来的是关系到每个人的工作变化。

如教培业掏空了家长的钱包和孩子们的休息时间，国家推出“双减”；房地产孕育了不确定性，国家必须管控；保险代理人离职，因为优胜劣汰。同时，国家也对制造业给予了政策支持。国家现在为何支持制造业，让我们看看制造业的影响力就知道了。

自第一次工业革命以来，凡是强大的国家都是因为制造业强大。英国能够超越西班牙打败荷兰，靠的是1.5万台蒸汽机和占世界39%的工业总产值；德、日、美的崛起，也都是在本国制造业强大后实现的。

大国衰落也是因为制造业的衰落。当英国全力发展金融业时，它被以制造业见长的美国超越了；当美国鼓吹去工业化时，中国、日本、韩国的制造业发展起来了。纵观国际局势，从两极对抗到一超多强，再到如今北美—西欧—东亚的三足鼎立，这些都是制造业实力变强的结果。在大国博弈的战场上，基本盘永远是制造业。

在很长一段时间内，我国把提高服务业比例当作目标，在判断一个地区发不发达时首先看服务业比重。但在“十四五”规划中，提高服务业比重的表述消失了，取而代之的是保持制造业比重不下滑。要大力发展制造业就离不开人才培养，教育部等三部门最新发布的《制造业人才发展规划指南》显示，制造业十大重点领域，2021年的人才缺口将超过1900万，2025年缺口将接近3000万。有人可能觉得，当技术工人没出息，但在北交所披露了法定代表人具体信息的42家企业中，有31家一把手有技工背景，光高级工程师和正高级工程师就有10个。2022年胡润百富榜里，制造业人数占比27%，财富总量占比24%，均为第一。时代要转向，跟对趋势很重要。

除了制造业，绿色经济也是未来的发展重心。“碳排放管理员”被列入国家职业序列。新能源行业也是富豪高产区，2022年财富增长最多的前10位企业家中8位和新能源有关。这是极其重要的信号，未来是属于高端制造业和新能源行业的。

让我们把时间线拉长来看，2022年是历史上第三次就业转移潮，每次都符合经济发展规律。第一次是1998年国企改制下岗潮，国企工人或进入民企或成为个体户，是为了提高国企效率和社会经济活力。第二次是2008年金融危机后，进入房地产和互联网的时代，房地产业受益于4万亿刺激，带动了上下游全产业链复苏，互联网行业也因为个人电脑、智能手机、4G网络的逐渐普及而有了硬件基础。可以说，每次就业转移潮都推动了国家实力的不断增强，也都带来了新的巨大的机会。

2022年再次发生就业转移潮，机会就蕴含在高端制造业、新能源行业中。但要想进入这些行业，我们自身也要有足够的知识和实力。

通胀和失业的两难选择

美国 2022 年有两个数据值得关注：一是 2 月消费者价格指数（CPI）同比上涨 7.9%，创下 40 年以来的最大涨幅。二是 2 月非农就业人数增加了 67.8 万，失业率为 3.8%。这两个数据，前者说的是美国通胀率，后者说的是美国失业率。但你知道吗，通胀和失业对政府来说，历来都是一个两难选择。

关于通胀和失业你选择什么？估计大多数人都不会选择失业。既然大家都选择工作，政府怎么办？为了保证就业，只能牺牲通胀。政府会动用财政和货币政策解决就业问题。这样一来就业人数增加，但通货膨胀就不可避免了。当你工作赚到钱时，发现手中的钱贬值了，100 元钱买不到原来那么多的东西了。尽管如此，对个人来说，还是会选择工作而不愿意失业。

理由是，通货膨胀是全民买单，而失业是个人买单。失业对于每个人都是痛苦的，所以政府会放弃通胀保就业。可一旦经济恢复，通胀就不可避免。政府财政和货币政策刺激的结果必然产生通胀。例如，美国在 2020—2021 年放出了天量货币，2022 年出现 9% 的通胀率是必然的，这就是选择的代价。

2020 年新冠肺炎疫情突发后，美国政府放出钱去救经济，试图解决失业问题。2022 年 2 月，美国就业率回升，失业率下降到 3.8%。美国人为此欢呼。但现状却是所有商品价格都涨了，石油涨、天然气涨、房子涨、黄金涨、大宗原材料涨、汽油涨，所有实物资产都在涨，商品价格涨声一片。美国人购买消费品和生活必需品时，发现物价涨了，人工贵了。从物价涨到居民消费价格指数（CPI）涨。人们手里的钱开始贬值，美国通胀率居高不下。

经济学研究的是稀缺和选择，选择一些东西就要放弃另一些。

我们选择不失业，都想有工作、有收入地生活下去。个人的选择就构成社会的选择，都不去考虑货币贬值，就要承受通胀控制不住的结果。个人可以不管通胀，但一国政府不能不管，如果通胀不控制，越来越高，就会稀释财富。假如你有 10 万元存款，因为通胀 10 万元只有 9 万元的购买力。钱越存越少怎么办？于是政府利用加息手段，让大家存钱别花，银行多给点利息。所以，当一国通胀率高企，央行要做的事情，就是加息、加息，再加息。美国现在就进入了加息周期，用不停加息的手段来抑制通货膨胀。

加息可以抵制通胀，让人们不花钱，不投资，经济就会冷下来了。人们手中的钱值钱了，但没工可打，没地方投资，没有钱消费，最后又出现失业率高企。经济就是这样循环往复。就像和面一样，水多了加面，面多了加水。刺激手段是为了解决失业，央行加息是为了抵制通胀。

我们说失业是客观的，通胀也是客观的。政府需要在两难中做出选择。究竟是让通胀率高一点，还是让失业率低一点，是保就业还是保物价，各国都在艰难抉择。国民都选择有工作赚钱，政府就只能不管通胀如何，让更多人就业。

part 2

我国就业现状

这届年轻人，特别求“稳”

近些年，每个人都深刻地感觉到了自己的渺小，对生活的“掌控度”越来越低。在我们的认知中，年轻人本该生龙活虎，如今却变得越来越少年老成。

年轻人可用一个“稳”字来概括，体现在几个方面。

第一，“稳”在消费观。

前些年我国短期消费贷业务发展迅猛，年轻人养成了超前消费习惯，“月入五千、消费一万”的大有人在。他们把大部分花销用在了生活享乐上，比如新手机、新包包、新球鞋，游戏充值等。

在当前的形势下，很多年轻人意识到了存款的重要性，在消费上越来越“求稳”。他们一方面减少不必要开支；另一方面会在家里囤一些生活必需物资，如食品、药品、日常生活用品等，以备不时之需。

第二，“稳”在生育观。

影响生育的因素有很多，最直接的是能否养得起孩子。抚养一个孩子要二十来年，如果对未来预期乐观，工作稳定，自然就愿意生孩子。但很多人收入不稳定，对未来越发悲观，从而不敢生；收入稳定的想再稳定稳定，担心不知啥时候突然就不稳定了。

第三，“稳”在就业观。

当一个社会高速发展，资金大量涌入会带动人才的涌入；当经济形势不明朗时，资金就会撤离寻找避风港，人才也会找寻避风港。毕竟对个人而言，收益性和稳定性总要权衡。

比起前些年大部分年轻人愿意“闯荡”，愿意承担风险去谋更大的出路，现在年轻人挤破头也想考公上岸，至于收入不够就用灵活就业来凑。很多年轻人最理想的收入结构是：一份稳定的收入，加上一份符合政策的有弹性的兼职收入。既满足了稳定性，又能博取高收益。

第四，“稳”在城市观。

过去北上广对年轻人的吸引力一直强劲，但这几年，一线城市人才吸引力明显减弱，北京 2021 年常住人口减少了 4000 人。有越来越多年轻人开始思考留在大城市的意义。

对眼下的普通年轻人来说，大城市就业环境太“卷”，长远看，其他新一线、二线城市也有很多机会。考虑到买房、结婚等个人问题，接下来预计有更多的年轻人在城市选择上越发求稳，或返乡考公、考编，或另寻离家近的城市再谋发展。

我们说，从经济学角度讲，当下年轻人求稳是一种理性选择。但从个人发展角度看，这里想提醒诸位，寻找避风港是可以的，但如果你没有因此上岸，也请继续保持旺盛的学习动力。经济是有周期的，疫情终会过去，市场也会复苏，等经济形势好转，还会有大把机会。届时，千万别因为在舒适区待了太久，丧失了自己的核心竞争力。

为何 60% 职校生不愿当蓝领

2021 年，《中国青年报》教育科学部向全国职业院校学生发放了调查问卷，了解职业院校学生的就业意向。调查显示：超六成受访职业院校学生毕业后不愿当“蓝领”。有多重因素导致职校生不愿成为“蓝领”，主要理由是生活枯燥单一、发展前景不看好、工作环境差、工资低、交友圈子窄等。

我国制造业的人才来源极度依赖职业院校。据统计，2019 年我国快递从业人数突破 1000 万人，餐饮外卖员突破 700 万人。而 2021 年两个月内骑手新增 58 万人，其中 40% 来自制造业工人。

职业教育承担着培养高素质技能人才的重要任务。数据显示，在日本，整个产业工人队伍的高级技工占比 40%，德国则达到 50%。我国这一比例仅为 5% 左右，目前全国高级技工缺口达2000多万。而在制造业用工荒的大背景下，每年几百万的专科毕业生存在就业需求。

90%的企业表示，年轻人从事一线蓝领工作的意愿低是造成蓝领用工荒的主要原因。其实“用工荒”问题多年前就出现了，只是没有得到足够的重视。尤其在经济增速换挡、新旧动能转换相互交织的复杂形势下，高级技工的匮乏使得我国创新转型升级之路阻碍重重，其危害不容小觑。

职校生更愿意去什么行业工作？调查显示，更多学生愿意选择一些新兴职业，如自媒体、主播、电商等。对于这一现象我们不能一味批评职校生，有一些客观问题是必须要面对的。

例如，制造业的现代化、信息化、智能化等，使企业对工人需求减少。一些优质企业的一线岗位，就连专业对口的职校生都没机会参与竞争，剩下的岗位可能还有工艺限制。需要大量人工的岗位往往技术含量很低，每天工作12小时，一个月休4天，甚至没有休息日，工作环境不如白领，管理制度又多，收入还低。对大多数年轻人来说，确实很难看到希望。这种情况下，谁愿意去工厂当蓝领。

我国职业教育还需要更大的投入，构建更加合理的体系。新加坡、德国已做出了很好的榜样。例如，新加坡普高率只有20%，我国的普高率已达50%，但新加坡的家长却没有我国家长焦虑。新加坡的职业教育好在哪里呢？

首先是大力推行校企合作。其中最负盛名的是新加坡的“教学工厂”模式。这种教学工厂并不是在工厂内实习，而是把教学和生产紧密地结合起来，给学生创造校内工厂这样一个真实的学习环境。

其次是打造“双师型”师资队伍。所谓“双师”：即职业院校从企业中物色教师人选，他们在校时教学，在企业时解难，具有双重身份。据了解，大多数职业院校内80%的教师，都曾是企业的经理或业务骨干，学生在课内得到的知识不仅是悬在空中楼阁的理论，更多的是最新市场动态与行业分析。所以，很多新加坡的家长觉得，无论上什么样的学校都是一样的。

当我国职校生过半不愿当“蓝领”时，我们要意识到的不仅仅是“学生”的问题，更多还应该关注“职业教育”本身的问题。

蓝领工资会高于白领吗

秃头养生、内卷化等，互联网的各式话题涵盖了白领生活的方方面面，很容易让人产生一种错觉：觉得白领才是城市生活的唯一主角。事实并非如此，我国现有劳动人口高达9亿，其中有1.2亿新蓝领，2.88亿农民工，这4亿多蓝领，一起构成了城里基数最大的打工群体，我国白领群体是2亿人。蓝领是白领人数的2倍。

2008年后，蓝领群体发生巨变。传统印象中，像流水线工人、货车司机、建筑工人是典型蓝领，现在越来越多的年轻人成为美甲师、家政阿姨、网约车司机、月嫂、外卖小哥、快递员，这些“新蓝领”穿梭在城市中维系着城市的运转。

蓝领工资不断上涨成为近年来的一大趋势。国家统计局

2019 年监测数据显示，蓝领群体中占比最大的新生代农民工月均收入为 5850 元。其中近 60% 月均收入在 5000 元及以上，近 30% 月均收入为 4000 ～ 5000 元。另一组数据：2020 年应届本科毕业生平均薪酬为 5102 元，比 2019 年的 5440 元下降了 6.21%，与 2018 年比还稍低了 33 元。在我国，蓝领工资竟然高于白领工资。

每当这时都会引发“读书无用论”的讨论。其实，工资高低是由劳动力的供给和需求决定的。因为蓝领工人的“稀缺性”和技能，导致他们的月薪收入超越大学毕业生。

蓝领工人月薪超过大学生，并不证明大学生能力“不行”，而是现阶段蓝领工人所体现的市场价值高于大学生。只要自身能力符合市场需要，无论是大学毕业生还是蓝领工人，都能获得和你自身能力相匹配的收入。

大学教育仍然有用且必需。有良好的学历教育基础和个人学习能力，大学生才能更好地通过实践来提升自己的工作能力，快速获得市场认可。三百六十行，行行出状元。职业不分高低贵贱，无论是大学生还是蓝领工人，每一个职业群体都有其自身价值，体现在工资水平上，就值得市场为他们的价值买单。

毕业生租房有点难

又是一年毕业季来临。1076万高校毕业生打造出2022年“毕业大年”。除就业压力外，像租房难、租房贵也是这批人面临的难题。

2021年度数据显示，毕业季租金指数排前十城市为：北京、上海、深圳、杭州、广州、珠海、南京、苏州、厦门及东莞。其中，一线城市月租金约4394元，新一线城市约2097元，二线城市约1794元。

高租金下，大学毕业生的整租自由短期内难以实现。要在北京实现整租自由，毕业青年月收入要达到2.1万元，上海、深圳整租自由，月收入均为1.93万元，广州为1.23万元，杭州则高于广州，为1.5万元。35.8%受访大学毕业生表示，第一次租房会选择合租。

合租是毕业生无奈又现实的选择。从合租单间面积看，2021 年毕业季期间，深圳和北京合租面积最低，深圳约为 12.3 平方米，北京约为 13.8 平方米。奋斗在一线城市，“开门即是床”并不只是玩笑话。

一线城市最常见的租金支付方式为季付。以北京为例，2021 年毕业季期间合租单间月租金约 2360 元，按照“押一付三”，即支付四个月房租来看，首次租房就需支付近 1 万元。

对于毕业群体而言，这笔钱从何而来？数据显示，44.9% 的受访者的租金来自“个人工资收入”，25.02% 的受访者租金来自“父母支持”，此外也有部分单位提供了员工福利，可以提供租房补助，占比达到 16.88%。

如何缓解毕业生的居住压力，已成为政府关注的问题之一。国务院常务会议已确定加快发展保障性租赁住房的政策，缓解新市民、青年人等群体住房困难。希望政策能尽快落地，切实帮助青年人降低居住压力。

年轻人一面负债，一面存钱养老

最近有两份年轻人的调查报告，感觉现在的年轻人有点矛盾，一方面负债，另一方面又忙着存钱养老。这是怎么回事呢？

一份报告显示，2021 年 35 岁以下的年轻消费者，创造了 65% 的消费增长，可他们平均月收入在 8000 元左右，有七成甚至在 8000 元之下，是当之无愧的消费主力军，超前消费成了他们的日常。从消费贷款的年龄分布来看，“90 后”占 49.3%；“80 后”占 31.5%。中国“90 后”有 1.75 亿，只有 13.4% 的年轻人没负债，而 86.6% 的“90 后”都接触过信贷产品。互联网金融产品的诞生与繁荣，让年轻人的消费少了很多约束。除了还房贷外，60% 以上的“90 后”将消费贷用于提高生活品质和休闲上。

另一份报告却显示，现在的年轻人存钱意识正在加强，储蓄率创三年来新高，“00后”都已开始储蓄养老了。调查显示18～34岁年轻一代每月储蓄比例，从2018年的20%升到2022年25%，升了5个百分点，每月储蓄额达到平均1624元。存款意识明显增强对年轻人来说是好事，不过，多数人还是选择在30岁以后才开始进行养老储备。

这一代年轻人预计，安享退休养老需要存钱155万元，明显高于35岁以上群体的目标139万元。调查发现，52%的年轻人都表示因收入不足而无法进行养老金储备，以至于他们会花更多时间去焦虑自己的财务需求，他们愿意牺牲长远的养老储蓄来解决当前的生活所需。究其原因：一方面，社会给年轻人的压力很大，本来挣得不多，大城市生活开销又大，物价、房价都很高；另一方面，有一部分年轻人攀比心强，管不住自己，喜欢买很贵的东西；还有一方面是，这一代年轻人大多是独生子女，家境好，父母为他们承担着背后的一切。

以上两份报告，分别从消费信贷和养老投资两个不同角度，解读了年轻人的消费观和养老观。

在很多长者和大众眼中，年轻人喜欢超前消费，拥抱消费贷，然而事实上爱存钱的年轻人远比你想象的多，而且越来越多。如前面数据显示，年轻一代每月的储蓄比例已明显上升，这背后不仅受到外部因素的影响，也反映出年轻人的金钱观趋于成熟。

数据显示有一半年轻人只使用信贷作为短期资金周转，并当月就还清。这说明在成为消费主力的同时，年轻人并不是在挥霍，他们也很节省。

留在大城市打拼，还是回家乡发展

你是否面临这样的选择困惑：是留在大城市继续打拼，还是回家乡安稳发展？事实上这个问题对当下的年轻人可能更突出。网上有一句话叫“一二线容不下肉身，三四线放不下灵魂”。大城市里热闹非凡，但总觉得存在很多不安，小城镇里安静平凡，但又觉得存在更多不甘。在大城市和小城市之间选择，你该比较什么呢？

2020 年上海、北京、深圳、广州人均收入超过 6 万人民币。留在一线城市，是大多数人跨越阶级对收入的局限，鲤鱼跳龙门的唯一机会。但在一线城市，高昂的生活成本也让很多人忧虑。

回到家乡小城市，还有发展机会吗？这是年轻人的选择难题。我们说，选择在哪里工作不能一概而论，要因人而异，看你选择什么，你更看重什么。我们可以从工作和生活两方面看。

首先看工作。

1. 现在是互联网 5G 时代。随着互联网和 5G 商用技术的普及，你在大城市还是小城镇并不重要，很多工作在网上就可以完成，你在哪里都能工作。

2. 现在是数字经济时代。大量服务工作涌现出来。有一部智能手机就可以做很多事情。比如，用手机把家乡的葡萄录下来，让人看到葡萄熟了是什么样子，从而产生想买的冲动，又有物流配合。以后凡是让城里人看到关于农村的绿色种植就是机会。可以做电商直播，开民宿、乡村旅游、特色餐饮，未来的工作都是跨越地域和城市限制的，只要有网络就可进行。

其次看生活成本。

1. 家乡小城市的生活费用低，没有住房困惑，可以照顾老人；没有后顾之忧，可以跟孩子一起生活，生活质量高。

2. 有了高速公路和高铁，距离不是问题，网络全都覆盖，未来服务业越来越多，通过网络平台能干很多工作。未来就业城市的选择会更多元化。每个人要结合自身优势，选择更适合自己的城市。该考虑的是在哪里工作更经济，更方便，更能和亲人待在一起，更有利于发挥自身价值。这才是根本。

公务员报考有多热

现在公务员报考有多热？截至2021年10月22日，2022年国家公务员报考人数已突破100万，但计划招录人数只有3万多人，即3%的概率。而竞争最激烈的一个岗位可能你都想不到，是我国西藏阿里地区噶尔县的一个邮局，招录比超过1∶10000。

阿里是中国最苦的地区之一，噶尔县又是西藏18个边境县之一，为何如此偏僻的岗位却这么火爆？广大考生支援边疆建设的热切心情可以理解，但恐怕这并不是主要原因。真正的原因是国考的近1.7万个职位中，这是唯一的“三不限”的岗位，就是不限专业、不限工作经验、不限户籍，对政治面貌也没有要求，学历方面本科及以上均可，它的报考门槛几乎等于零。据不完全统计，前两年国家公务员考试中，三不限岗位约有 50 个，在 1.3 万多个招录岗位中只占 0.4%，而 2022 年三不限岗位只剩下这一个。

此番火热景象只是“公考热”的一个缩影。近年来，国家公务员考试的报考人数一直居高不下。2019—2021 年，国考报名人数从 137.9 万人上涨至 157.6 万人，增长 14.3%。还有一个可能颠覆你认知的现象：连最爱做生意的浙江人和广东人，近年来都热衷于考公务员，都想挤进体制里。浙江成了“考公”最热的省份。2016 年，浙江省报考公务员的平均竞争比只有 1∶21，而现在，直接飙升至 1∶73，翻了三倍多。广东也一样，过去五年总计超过 80 万人报考公务员，全国排名第二。与之相比，最爱体制的山东本省竞争比只有 1∶48，北京甚至只有 1∶13 的比例。

为何报考公务员变得越来越热呢？

一方面，就业压力较大。2021 年应届毕业生 909 万人，比上年净增 30 万人。2022 年应届毕业生是 1076 万人。现在实体经济不景气，受疫情影响，应届生就业更难。随着本科生数量的增加，学历内卷越来越严重，一些重点大学的一般专业都很难找到合适的工作。于是，学生们纷纷将希望放到了考公务员上。

另一方面，公务员是行政编制、工作稳定。对于很多毕业生来说，找一份稳定的工作是他们心之所愿。现在社会生存成本高，工作压力大，越来越多的人不想在外闯荡，想要追求一份稳定的工作和稳定的生活。同时，公务员工作受人尊重，也是很多人将其列为首选的原因。

但是一个行业或职业有太多的好处，竞争的人肯定不会少，就拿报考公务员热潮来说，过度竞争反而让每个人成功概率降低，而这需要全社会一起努力营造公平就业的环境，给求职者创造更多元的就业选择。毕竟公平就业不只是就业机会平等，还包括不同行业、职业的社会地位平等等诸多方面。

教师资格考试为何火

2022年有1100万人考教师资格证，但未来需求是多少呢？随着人口出生率下降，社会对教师的需求会减少。教师资格证原本是给专业从事教师的人设立的考试，近年来，报名人数却在不断增多，教师资格证考试热持续高涨，这是为什么呢？

数据显示，2017—2019年这三年来，报名教师资格证考试的人数从2017年的310万人迅速增长到2019年的890万人。2020年报考人数突破千万。随着报考人数增加的，还有考试难度。数据还显示，高考成绩前30%的学生报考师范专业的比例，由2018年的18.3%提高到2019年的33.4%。新教师岗位竞争明显加大，个别地区数十人竞争一个岗位已是常态。另外全国统考前，部分省份考试通过率是70%，实行统考后通过率均不足 30%，就是考证的难度加大了。

教师资格考试火有以下三点原因：

1. 就业压力较大。

近年来，大学毕业生规模不断攀升，2022 届高校毕业生总规模达到 1076 万人。没有最难就业季，只有更难就业季。“多个证书多条出路”，这是许多大学生考教师资格证的最普遍动机。教师相较于考公务员难度肯定是低的，自然成了毕业生的首选。除了考教师编制，还有三支一扶、民办学校、特岗教师等多种选择，这些都要用到教师资格证。

2. 政策影响。

自 2015 年教师资格证改革后，省考变成国考，无论是师范生还是非师范生，想当老师必须通过全国统考，获取教师资格证。2018 年下半年，在整治校外培训机构过程中，教育部又发文，要求所有机构从事学科培训的教师，也必须拥有教师资格证。至此，无论是想去公办、民办学校，还是想在线上、线下教育培训机构做老师，教师资格证都成为硬性指标。

3. 待遇好、工作稳定，催生“教师热”。

教育行业此前不温不火，是因为教师长期被视为钱少、事多、压力大的职业。近几年，教师这一职业在社会不断发展、国家实力不断上升的过程中越来越受重视，以 2020 年各行业城镇类非私营单位的数据作为参考，教育行业以近 9.8 万元的平均年收入，处于全行业中上游，高于全行业 9.1 万元的平均年收入。当然相比计算机、金融业平均 16 万元年收入有较大差距，但计算机与金融行业的竞争度和工作量大是众所周知的，相比之下，教育行业的待遇处于中上游水平，还算不错。

此外，教师不仅是“铁饭碗”，还有寒、暑假，更加催生了“教师热”。2022 年行业相关政策，表面上是为整体的教育业减负，为人们投身教育的热情降温，但当数百万的课外辅导教师面临职业困境，他们可能会进一步涌向教师编制报考，进一步增加教师队伍的竞争。

越来越多的人参加教资考试当然是件好事，优秀人才加入教师队伍对于基础教育来说有益无害。但同时，如何才能吸引真正优秀的人才当老师，如何留住人才，可能依然有待探索。

灵活就业，关乎 2 亿人

据统计，截至 2021 年年底，我国有 2 亿左右的灵活就业人口；2020 年第七次人口普查数据显示我国共有 8.8 亿劳动人口。这意味着每 5 个劳动者中就有 1 个是灵活就业者。这 2 亿人从事哪些工作？灵活就业又适合哪些群体？

1. 灵活就业者从事的是哪些工作？

灵活就业不等于打零工，它指的是非全日制、临时性和弹性工作等灵活形式就业的人，比如：专车司机、短视频博主都属于灵活就业。

这 2 亿人都在做什么工作？

2004 年统计局公布的灵活就业人口是 1 亿人，这 1 亿人由工地民工、餐饮服务人员及工厂临时工组成。2021 年灵活就业人口又增长了1亿，主要来自新型的经济业态。其中，主播及相关从业人员有160多万人，较2020年增加了近3倍；专职网约车司机336万人；外卖骑手超过1000万人；家政相关工作者则超过3000万人。此外，还有数以百万计的同城速递、网络写手、视频制作者，等等。

看上去好像灵活就业基本都在服务业，而且技术含量不高，是劳动者被动选择的。其实并不是这样，随着国家对企业灵活用工的政策支持，越来越多的企业主动选择聘用灵活就业者。北京某高校发布的《中国灵活用工发展报告（2022）》显示，2021年中国有61%的企业在使用灵活用工，比2020年增加5.5%。

2. 灵活就业适合哪些群体呢？

首先，灵活就业的最大特征是进入门槛低。占比最大也是门槛较低的服务业，很适合文化水平不高的人群，比如餐厅服务员、网约车司机、外卖骑手等。而且灵活就业型的岗位往往是多劳多得，外卖骑手月入万元早已不是新鲜事；灵活就业还能同时兼职多份工作，你可以在午餐时间做外卖骑手，其他时间做其他工作。

其次，灵活就业适合有一技之长的人。这一点在自媒体时代尤为明显。在各大自媒体平台上，那些活跃着的大小博主，他们或是科普知识，或是展示有趣生活，或是发表对这个世界的独到见解，但无一例外，他们都有一技之长。除了自媒体，还有人活跃在培训市场，比如画室老师、钢琴陪练、足球教练，这些工作也存在大量的灵活就业者。

最后，灵活就业还适合即将毕业、暂时没有找到合适工作的年轻人。2021 年 7 月人社部表示，将运用社保补贴政策，支持毕业生多渠道灵活就业、新业态就业；对有意愿、有能力创业的毕业生，人社部将给予倾斜支持，提供创业担保贷款、创业补贴、场地支持。还有高校推出设置创新创业学分、放宽学生修业年限等措施，支持学生选择灵活就业。

从当下经济形势和新经济业态看，灵活就业人口的比例还会继续提高。如果你是灵活就业人员或者未来可能选择成为灵活就业人员，一定要注意以下两点：

1. 灵活就业人员只能参加养老保险和医疗保险，如果有条件，你要给自己在商业险上做必要的补充。

2. 各地政府对就业困难人员和高校毕业生有社保补贴。就业困难人员包括符合条件的大龄失业人员、连续失业一年以上人员、失地农民、城镇零就业家庭成员或享受城镇居民低保的人员、残疾人、贫困劳动力等；高校毕业生必须离校 2 年，且实现灵活就业，并自己缴纳养老保险和医疗保险。前者最多能领取 5 年，后者最多领取 2 年。如果你符合要求，不要忘记去领取。

对我们来说，全职工作也好，灵活就业也罢，只要能养家糊口、能提高个人能力就是好的选择。

毕业季遇到就业问题，如何面对

每到毕业季总有人发出最难就业季的感慨。2022 年就业有两类人群：一是新毕业大学生；二是失业者。在求职市场上出现了多人竞争一个岗位的现象。

最近网上有个求职者说：真是心态崩了，公司通知我去面试，一个岗位竟安排了十几个人去面试，我被排在中间，前边站着的一看就是职场老人，因为他穿着人字拖。后边站着的一看就是职场小白，穿着崭新的白衬衫，打着领带。我试图找了一下自己的与众不同，就是戴着一副清晰可见的、厚厚的眼镜。现在很多人在面试多家公司后，对自己失去了信心，开始怀疑起自己的能力。

2022 年求职季，一面是失业率增高，另一面是毕业生人数破千万。现在仅一半毕业生选择单位就业，而自由职业、慢就业比例进一步提升。从就业期待看，大学生更务实了，他们主动降低就业期望，期望薪资也比 2021 年降低 6%，为 6295 元。

2023 年找工作，你一定要先就业再择业。别一味死守，先找到一份工作干起来，只有在工作中你才能发现自己的特长、喜好和比较优势。经济学研究的是选择，无论哪种选择都要有竞争力，你才能脱颖而出。找工作有的人是先甜后苦，也有的人是先苦后甜，就看你如何选择了。

有人问，未来哪些工作有希望?

提供两点供你参考：一是看行业的人才缺口；二是看这份工作是否容易被人工智能代替。

首先看哪些行业人才缺口大。

第一是养老服务行业。如：老年人能力评估师，人才需求过百万，但从业人员尚不足 10 万。像养老机构、体检中心、健康管理公司等都需要老年人能力评估师。这份职业在一线城市，月薪将近一万,二三线城市，月薪也有五六千。

第二是双碳行业。“碳排放管理”从业者不到 5 万人，预计 2030 年将达到 80 万人。薪资基本在 6000 到 20000 元不等。还有高端智能制造、职业技能培训、家政、医美、宠物等行业，也都有不小的人才缺口，尤其是这些岗位是偏技术的工种，在其中你可以找到自己心仪的职业。

其次是要考虑，你选的职业有多大概率被人工智能替代。

比较容易被人工智能替代的职业是重复性劳动，容易被一套程序所替代，比如：重复固定话术、固定文本、固定流程，你就要小心了。专家预测，很多白领工作比蓝领更容易被取代，因为蓝领工作很多，虽然技术含量不高，但取代的成本太高。

哪些工作不容易被人工智能取代？像工作内容灵活，具备洞察力、想象力、鉴赏力、沟通能力、情感理解能力、综合判断力等，越是复杂灵活的能力，越难以被人工智能取代。比如，各类咨询师、顾问、谈判专家、艺术家、红娘、保姆、律师、厨师等。

找工作的四点建议：

1. 清楚自己的就业目标，要想好你究竟要什么。

2. 要调整好心态。面试官看的不仅是你的能力，还有你的言语、形态、精神面貌等。

3. 面试时，一定要抱着诚恳积极的心态，不要以自我为中心。

4. 最后一点也是最重要的，别频繁换工作，因为机会成本太大。

我还想对毕业生家长说几句话：别溺爱你的孩子，让他脱离你的翅膀自己飞，别说孩子不争气。让他自己找工作，自己租房，养活自己。别怕他受累吃苦，过去给的糖太多，现在需要盐，让他有力量。

作为家长，当你的孩子大学毕业要找工作或失业了，你不要过分怜悯他，他是成年人，该为自己负起责任来，社会不会溺爱他，更不会娇惯他。在找工作上要放开让他去做，哪怕碰钉子也是好事，这样当他找到一份工作就会倍加珍惜了，别代替他走路。

目前的就业季，对年轻人都是一场大考，绝不亚于考大学的难度。这是你走向社会的第一步。请别躲在家啃老，也别有畏难情绪，你不妨出去，找工作试一试，不试你怎么知道哪种工作适合你，哪里需要你呢？其实我想说，不可战胜的不是找工作，而是你自己。

2022 年注定不平凡，但艰难期终究会过去，我们鼓励所有毕业生鼓足勇气，寻求应对策略，在残酷的市场竞争中求生存。也希望每个毕业生都能找到属于你的那份工作。

农民工“返乡潮”消失了

多年以来，在我国城镇化不断加速的进程中，涌现出一批为城镇化做出巨大贡献的群体，就是进城务工人员，简称“农民工”。官方数据显示，我国农民工数量一度超过 2.9 亿人，接近 3 亿人，每年的年末都会出现一大波农民工“返乡潮”：挤爆火车站、汽车站，人头攒动，壮观场面让人大为惊叹。

但现在农民工“返乡潮”在慢慢地消失。不是因为农民工不回家了，而是因为现在进城打工的农民工在逐渐减少，甚至有许多农民工表示，过年后就不再返城了。事实上从 2010 年开始，农民工数量“增幅”就开始下降了。到了 2020 年，农民工数量减少 1.78%，增幅由正转负，这也是我国农民工群体首次出现负增长的情况。

此外 2020 年跨省打工的农民工数量减少了 6.1%，反倒是省内就业、就近就业的农民工占比高达58.4%。可见如今外出的农民工数量真的越来越少了。究竟是什么原因让农民工都不再外出打工了呢？有以下三点原因。

1. 新冠肺炎疫情下“返乡潮”骤减，农民工不再返城。

“返乡潮”的骤减和2020年的新冠肺炎疫情有着很大关系，不少行业受到了冲击，停工停产、延期复工，不少岗位或减员或减薪等，使得农民工的工作不稳定，收入骤减，从而踏上返乡之路，并且打算不再回城工作了。数据显示2020年农民工人均月收入增速为2.8%，可全国人均可支配收入月增速却达到了4.7%，且这并不是唯一的一年。从往年的数据看，从2014年到2020年农民工的收入增速就比不上全国人均可支配收入的增速。从2015年开始农民工“返乡”后，不回城的数量就越来越多。只是这场疫情加速了农民工不再回城的脚步——城市打工人的幸福指数太低，不如守在家乡的土地上更踏实。

2. 老龄化趋势，让一部分农民工无法靠体力赚钱。

2007年我国农民工群体的平均年龄是34岁，到2020年平均年龄达到了41.4岁，而2020年我国劳动力平均年龄是38.8岁。在农民工群体中，50岁以上的农民工占比高达26.4%，年青一代30岁以下的农民工仅占比22.7%。许多农民工不再进城打工的原因，就是上了年纪后体力越来越跟不上。本身这些农民工就没有太高的学历，只是单纯靠体力赚钱，随着年龄的增长，这些体力活儿干不动了，自然也会另谋生计。

3. 好政策，让农民工“守家待业”。

以前农民收入比较单一，种地收入少，因此大量农民开始自寻出路。进城打工成了农民提高收入的主要方式。近几年国家出台了很多政策，大力扶持农村发展。各种农业补贴、良种补贴、农机购买补贴等，大大降低了农民在种地方面的成本。粮食收获以后，提高粮食收购价格，让农民们种地收入有保障。

农村一些养殖业、畜牧业的兴起让很多乡镇企业如雨后春笋般出现，解决了大批农民就业问题。还有的人通过网上直播带货或开网店，把家乡的土特产介绍给大家。这就更加触动了很多在外的农民工，随着新农村建设力度的加大，农村的生活环境、居住条件、医疗条件都有了很大提高和改善，所以近几年农民工纷纷选择了不再返城。

在外拼搏多年的农民工，最后选择了回归农村，用他们的眼界和见识在家乡土地上建立属于自己的幸福感，这是一件好事。但也希望国家能够为那些依旧背井离乡的农民工群体提供更高的待遇，因为他们对我国的城镇化进程做出了很大贡献。

小县城的新机会

“广阔天地，大有作为”这句口号，从20世纪50年代中到70年代末，曾经响亮流行了20多年。约有2000万知识青年前往农村参加劳动，开启了轰轰烈烈的“上山下乡”，其中的悲欢离合在那一代人心里留下了深刻的烙印。50多年后的今天，无论是海归青年，还是国内名校的学生，也开始纷纷涌向县城和乡镇。

2022年，浙江某县一份人才引进计划引起广泛关注，该县招收的24个基础工作岗位的入围人员均来自国内外名校，硕士、博士的比例高达95.8%。这个县的经济发展水平不高，为何吸引力这么强呢？关键是当地政府给出的福利好。比如，硕士生、高考第一分数段录取的全日制本科生，可享受45万元政策奖励，包括一次性房票补贴30万元，生活津贴3万元/年，可享受5年；博士生可享受75万元政策奖励，包括一次性房票补贴50万元，生活津贴5万元/年，可享受5年。这是什么概念？像深圳这样的一线城市，最新公布的新引进博士人才，生活补贴标准才从一次性3万元提升为10万元，硕士、本科生分别为2.5万元和1.5万元，而一个小县城的补贴已超过一线城市的水平。

除此之外，还有安徽某县，2022年面向部分高校引进教育人才50名，结果初审通过人员高达257名，其中硕士生占比70%。他们的工作是县里的初中老师。这种小县城待遇如何？这批引进人才可以享受一次性安家费本科生3万元，硕士及以上学历5万元。算上每月公积金和年终奖，年薪差不多12万元，虽然没法和大城市比，但小县城消费低且安稳。还有近日北京市人力资源与社会保障局发布了一条“2022年高校毕业生到农村从事支农工作”的考试通知。广阔农村需要新一代知识青年去建设，但想要“上山下乡”是要考试的，不是你想去就能去的。

50多年前下乡者和今天有什么不同呢？

前者是一种理想主义的号召，更多是被动的，后者更多是社会转型下市场经济的主动选择；前者是到最艰苦、最困难的地方参加劳动，而后者更多是到小县城、乡镇甚至农村寻找发展机会。前者不图报酬，后者报酬优厚。

发生这种变化的原因在于，目前我国大城市的工作岗位有限，高学历人才连年扩招，已从稀缺变成海量。20 年间，我国研究生招生总人数从 16.5 万人增加到了 110.7 万人，其中博士生从 3.2 万人增长到了 11.6 万人。我国经济处在转型期，传统产业在收缩，新型产业又承载有限，稳定的工作就优先成为高学历人才的第一选择。

现在，就连国内外名校硕博毕业生都开始竞争基层岗位，并不是因为他们想放弃体制外的高薪岗位，而是很多公司开不出高薪，还要面临被裁员的风险，所以他们才会挤进福利待遇好的体制内。

随着县域经济和乡村振兴的推进，除了国家政策支持和资金投入外，人才是关键所在。未来要让乡村产业数字化、智能化，就需要很多专业人才的参与。

因为发展乡村需要人才，只要有财力支撑，人才就会到那里去。这一趋势会带来哪些影响？首先，随着人才流动的转变，会缩小大城市和小城市的两极分化，弥补区域发展的不平衡。未来年轻人在家乡也可以发展得很好。其次，随着高学历人才的涌入，发展好的县城高端服务业也会兴起，涌现出更多发展机会的。

part 3

哪些赛道有商机

短视频为何成风口

近两年，短视频这么火有很多原因。其中一个重要原因是，我国第三产业加速发展给短视频带来了机遇，让它成了风口。2019 年短视频爆发，为短视频提供了内容的创业通道，也为主播们提供了带货平台。2020 年直播带货，成了许多品牌商增长业绩最有力的渠道，打造了 2020 年最大的风口。2021 年至 2022 年，直播电商继续保持高增长态势。我们说，电商直播只是卖货的形式改变，原来都是线下实体商店卖货，自从电商出现后，人们改成了在网上卖货，给线下传统的商店带来了危机。线上卖东西就是直播带货，这和商店里的促销员没有什么区别，只是促销地点不同，观看人数不同，就看谁卖得更多。

现在各路人马纷纷跑到线上通过网上直播卖货，靠的就是短视频形式。那短视频为何能成为一个风口呢？因为看短视频不需要付费，消费者利用碎片化时间上网刷商品。不管你身处何地，只要有智能手机就能看到直播卖货。

短视频能成为风口是因为它符合经济学基本原理，投入少产出多，它的边际成本几乎为零。多增加一人消费不增加成本。一个人的付出可以服务很多人，但产出的内容却需要人力资本，需要一个人在一个领域中付出多年辛苦，才有可能成为一个具有知识产权（IP）的人。IP为何这样火？因为它有号召力，有粉丝就有流量，而流量就是资源。以后广告商都会朝这方面倾斜，人们下班后都想娱乐，都想免费搭车而不想花钱，免费短视频和直播才会应运而生，才会在这个阶段大行其道，所以人们通过平台直播卖货就是最好的赚钱方式了。

职业教育迎来黄金时代

随着我国经济结构的转型和经济由高速增长向高质量发展的推进，社会对人才提出了更高要求。除了突破“卡脖子”技术所需的高精尖人才以外，数以亿计的高素质技能人才也很重要。据不完全统计，我国技能人才缺口已超过 2000 万，2025 年这个数字将接近 3000 万，其中高级技工人才的缺口更大。

为解决这一问题，我国的职教规模不断扩大，过去三年扩招了 300 万人，未来职普分离将是趋势。但“学历是第一块敲门砖”的观念根深蒂固，在重学历轻技能的传统思维里，我国人才鸿沟越来越大。

智联招聘报告显示，2020 年硕士研究生及以上学历首份工作的平均月薪水平最高为 7337 元，大学本科生首份工作的平均月薪为 5120 元。职校应届生首份工作平均月收入仅为 3828

元，差不多是研究生月薪的一半，和本科生差距也达 1300 元。学历歧视是应试教育遗留下的弊端，重学历、轻技能是社会普遍存在的问题。很多人对职校生的印象是“一群考不上大学的人”，却忽略了职校“培养技能型人才”的重要性。

打破成见是职业教育“大有可为”要迈的第一道坎。除了观念上的“软肋”，教育水平参差不齐，优质职教资源供给不足，是职业教育遇冷的“硬伤”。解决这一痛点，需要全社会的投入，政府、行业、企业，缺一不可。国家鼓励上市公司、行业龙头企业举办职业教育，鼓励各类企业依法参与举办职业教育。有了行业龙头企业的参与，办学的市场导向将更贴合就业和产业发展需要，企业自身人才需求也能得到更好满足。

2022 年 7 月，人社部印发的《“技能中国行动”实施方案》中指出，“十四五”期间，目标新增技能人才 4000 万人以上，技能人才占就业人员比例达到 30%。在政策的支持和引领下，职业教育或迎来发展的黄金时代。但不管用何种方式，想让更多年轻人接受职业教育，靠的是诚意而不是“画大饼”。资质认证、福利待遇、工作环境、职业认同，每件事都需认真对待。当那些接受职业教育的学生，不是因为考不上本科无处可去被动接受，而是经过深思熟虑后的主动选择时，才是职教的成功。总之，无论是从职教的社会需求而言，还是从企业转型发展来看，因势利导，鼓励更多有实力的优质企业举办职教正当其时。

成人职业培训是风口吗

中国正经历两大趋势：一个是传统行业全面向数字化转型；另一个是服务业比重在增大。前者让大量人员失业，后者逐步吸收就业。因为有这两大趋势，未来很多年我国成人职业培训行业将成为一大风口。

首先，从传统企业向数字化转型会减少大量岗位。比如，一个农场或工厂，原本需要很多人干活，转型为智慧农场和工厂后，可能只需要两三个人就可以完成全部操作了。对技术要求也跟以前不一样了，就拿造汽车来说，以前需要人工冲压，焊接，烤漆，总装，以后这些工序全部由电脑控制的机械臂来完成。工人干的活只剩下两种：一种是造出类似机器臂这样的机器，其中需要电工、焊工、钳工等；另一种是操作和维护机器，比如维修、定期检查等。而对这两类技术工人的培训将是未来的一大方向。

其次，前景更广阔的是服务业的技能培训。传统农业和工业提供的岗位越来越少，未来吸纳就业更多要靠服务业。我国有几大趋势：一是老人越来越多，懒人越来越多；二是单身越来越多；三是宠物越来越多。与之对应的是：银发经济、懒人经济、单身经济和宠物经济等，这些背后蕴含着大量的细分服务。比如，老龄人口增多，现在有一份冷门新职业叫作“陪诊师”，“陪诊师”的职责是专门陪老人去医院挂号、候诊、检查、取药等，为老人服务的同时，也排解了老人的孤独，别看这个职业冷门，它也需要岗位培训。目前，我国服务业 GDP 占比仅有 53%，发达国家普遍占比 70% 以上，我国服务业占比还有相当大的差距，未来还有更多人要投身到服务业中，关于服务业技能培训类目很多，包括：教育健康类、美容美发类、餐饮类、技工技师类等。

以上是成人职业培训的方向，如果你正在家里待业或者打算换行业，该如何从中寻找自己的机会呢？在选职业前，你可以思考两个问题：

第一，这个职业有前景吗？眼下的一些职业培训并不是面向未来，更多是面向当下。比如：你加入计算机培训就要特别小心了，因为行业知识更迭更快，学到的知识未必长久能用。

又如：会计职业培训也要谨慎，高端会计很吃香，但通过职业培训从事会计，你需要考虑未来是否会被人工智能替代。切记，技能培训是为了让自己拥有一项越老越吃香的技能，通过不断操练，筑起更高的壁垒，一些职业如果过于简单重复，容易通过编码被机器取代，就不建议你去选择了。

第二，这个职业的难度在哪儿？现在有些职业被炒得很热，动辄月薪上万甚至几万，比如：全媒体运营师，健康管理师，心理咨询师，碳排放管理员等。这些职业的确人才缺口很大，但你在选择这些职业前，一定要多收集行业内部人士对这份工作的评价，尤其是负面评价，想清楚自己究竟适不适合这份工作。比如心理咨询师，需要善于倾听、有同理心，但在实际工作中，遇到各种各样的客户时，你能否驾驭得住呢？这些你都需要向同行提前了解，其他行业也是一样的。

尽管职业培训如火如荼，但有几个坑你千万别去踩。

第一个是包过、包毕业。凡事别走捷径，越不正规的机构和不负责的销售，越喜欢宣传包装。

第二个是学费分期，不要轻信销售推荐给你的网贷平台，信息不对称太多了，你不知道其中有什么猫腻，如果一定要贷款，也要找自己更熟悉的大平台。最后，查询信息记得上官方网站，确保信息真实可靠。

养老产业新机遇

时隔20多年，2021年11月我国再一次发布了一份与老年人相关的文件：《中共中央国务院关于加强新时代老龄工作的意见》（以下简称《意见》），这是实施积极应对人口老龄化的国家战略。数据显示：2000年我国60岁以上老年人是1.26亿，占总人口的10%。到2020年这一数字是2.64亿，占总人口的18.7%，相比20多年前增加了近1.4亿老年人，这意味着在我国平均每6人中就有一个是60岁以上的老年人。

这其中又有1.2亿是65岁以上的老人，2000年我国65岁以上的老人是0.68亿，占总人口的7%，到2020年增加到1.9亿，占总人口的13.5%。从这些数据可以看出，我国老龄化趋势正在加深。

对社会来说，老年人口快速增长既有弊也有利。从不利角度看，老年人增加会有“沉重”的社会养老负担，许多行业人口“红利”消失，对经济发展会造成一定的影响。从有利角度看，老龄化也是一个新“机遇”，庞大的老年群体会带动养老市场大发展，会对三个产业有积极影响。

第一受益的是房地产业。让子女与父母就近居住。《意见》有句话最受关注：研究制定住房等支持政策，完善阶梯电价、水价、气价政策，鼓励成年子女与老年父母就近居住或共同生活，履行赡养义务、承担照料责任。从这点可以看出，后续从养老角度出发，一些购房政策会有所调整。比如，降低首付比例、贷款利率，税收方面也要给予优惠，适当免征房地产税等。

第二受益的是保险业。建立多层次养老保险体系。《意见》指出，鼓励商业保险机构在风险可控和商业可持续的前提下，开发老年人健康保险产品。数据显示，目前可供老年人选择的保险产品已超过 1000 个，基本涵盖了老年人最为关注的疾病险、医疗险、意外险、养老险等产品。但和我国规模庞大的老年人口相比，保险覆盖率仍需进一步提升。截至目前，全国有 1.07 亿 60 岁及以上老年人持有商业保险保单，但老年人商业保险渗透率仅为 41%。眼下国人买保险不缺钱，缺的是保险意识，需要有人去推动。所以这对保险业是一个利好。

第三受益的是适老产业。养老大有可为。当前居家养老仍是主流养老方式。目前70%大中城市老年人的家庭都属于空巢家庭。子女因为工作、学业等原因，不在老人身边，无法照料老人生活。近期某电商平台发布的《2021老年用户线上消费报告》显示，2021年前三季度老年适用品的数量同比增长33%，销量同比增长73%；智能家电及数码产品也走进了老人生活，电子锁、智能马桶成交额同比增长超过70%，恒温花洒、智能晾衣架成交额同比增长超过50%，“智慧+居家养老”商品呈现出热销局面。

不过总体来看，国内适老产业发展还相对滞后，老年用品和服务供给不足。当前，中国老年用品种类仅为2000多种，是日本老年用品种类的二十分之一。数据显示，我国老年人消费市场已达到10万亿左右规模，并以每年大约20%～30%的增速上升。预计2030年老年人口或将达到3.71亿人，我国老年人口的总消费也将达到18.3万亿元。

面对如此庞大的消费市场，从老人实际需求出发，找到产品、服务与适老化的契合点，不仅能满足老年群体对适老化产品及服务的需求，也会开辟更为广阔的市场，这是市场商机，也是民生工程。机遇在于，针对养老刚需的房地产企业、商业养老保险以及适老产业都会迎来大发展。

宠物经济为何火爆

都市生活压力加大，婚恋观改变，年轻人晚婚晚育。下班疲惫回到家，宠物能带给他们心灵陪伴和精神抚慰，这些因素导致养宠物的热潮来袭。

数据显示，2021 年我国成年人独居群体接近 1 亿人，养宠物（狗、猫）群体达 6300 万人（超 50%）。报告显示，近年来我国居民人均可支配收入上升，消费能力提高。调查中有超九成的宠物主表示：自己把宠物当成家人、朋友，宠物的家庭属性进一步加强。由于宠物家庭地位和宠物消费水平的提升，共同驱动了宠物消费升级。很多人每月用来购买猫粮和狗粮的费用超过 500 元。

从年龄看，"90 后"成为宠物消费主力，宠物主选择更高端食品的意愿日渐显著。Z 世代（1995—2009 年互联网时代的人）则成为“吸猫”主力军，猫比狗更快实现了消费升级。其中，线上猫粮的人均消费金额是狗粮的近 1.5 倍。

宠物经济为何蓬勃发展?

在互联网经济的影响下，“90 后”成了消费市场的主力军，这代年轻人可支配收入增加，对喂养宠物需求远大于“80 后”。在欧美国家养宠物的是老年人，在中国养宠物的大多数是年轻人和妇女，他们占总数的 80%。为什么呢?

主要是现在人们的生活节奏快、压力大。特别是在发达城市，单个群体很多。因为生活孤独单调，人们需要精神寄托，用养宠物来陪伴自己的空闲时间。

宠物经济也可称之为孤独生意。宠物不仅是宠物，也像亲人，像孩子。与宠物相关的经济形式应运而生。如，宠物食品、宠物用品、宠物医疗、宠物美容行业等。随着消费不断升级，未来还将涌现出像宠物婚介、宠物殡葬、宠物寄养等新兴行业。未来养宠物不再是奢侈品，而成为生活必需品，那时宠物经济就会火起来。

宠物经济下的新职业

市场规模五年翻了一番，国人已进入“养宠物时代”。随着养宠物人士越来越多，普通人能做哪些职业？这里分享三个有意思的职业：

第一份职业是遛狗师。当狗主人出差或节假日出行，通常会把宠物狗送到店里寄养，但狗狗好动，每天需要一定的运动量，因此“遛狗师”这个职业就兴起了。

其工作内容是给狗狗换水、喂食、铲屎、陪玩，带狗遛弯。遛狗一般按时长收费，狗越重收费越高。据相关人士透露，遛狗师 1 小时薪水在 80 ～ 100 元，体力好的能月入过万；如果当兼职做，锻炼身体的同时，每月也能挣两三千外快。

当然，不是每只狗都听话，面对突发情况要能应对，所以当“遛狗师”也需要考证书。现在国内二三线城市也有了遛狗师这项职业，如果你有意从事这份职业，可以从身边业主群开始收集需求。

第二份职业是驯犬师。很多养狗人士都想和狗狗互动，比如站立、握手、跳舞等；也希望狗狗能改掉一些坏毛病，比如随地大小便、乱叫、咬人、扑人等，因此就有了“驯犬师”这份职业。在中国驯犬师大多是退役军人，市场人才缺口还很大。据相关数据统计，驯犬师根据不同技艺水平，月收入一般在 5000 ～ 15000 元不等。如果开一个驯犬工作室，需要投入 10 万～ 20 万不等。当然，具体要根据自己所在的城市做线下调研。

但驯犬这工作并不轻松，它不仅是项体力活，也是一项脑力活，每只狗狗的行为都是独特的，没有一套通用的方法一以贯之，要不时地去思考狗狗每个动作表达的意思，需要有足够的耐心和爱心，才能干好这份职业。

第三份职业是宠物侦探。宠物侦探的职责是帮宠物主人找回宠物。宠物走丢是一件让人痛心的事，以前只能发朋友圈扩散或者张贴寻宠启事，但现在有了一些专业找猫、找狗团队，他们会详细询问走失宠物的信息，根据这些信息登海报、发传单、搜寻，他们会画图制订搜寻计划，还会借助一些专业工具，如：生命探测仪、内窥镜、气味剂、警报器等，整个过程就像重案组办案一样。

新闻曾报道，宠物侦探是一个冷门却有温度的职业，平均月收入上万。不过这份工作深夜工作是常态，更适合年轻人去做，如果你具备吃苦耐劳的精神，这份职业值得考虑。

以上是宠物经济下普通人能干的三份新兴职业。此外，还有像宠物医生、宠物营养师、宠物美容师、宠物摄影师、宠物殡葬师、猫粮狗粮试吃员等职业，都在快速崛起。未来服务业占我国的经济比重会越来越大，各式各样的服务也会越来越多，人能享受的，作为家庭成员的宠物也能享受到，只要有需求就会有供给，需要我们敏锐地去挖掘。

睡眠经济的巨大商机

现在年轻人有三大痛：脱发、失眠、发胖。失眠是第一大痛。为什么这么说？有份报告显示，国内至少有 3 亿人存在睡眠障碍，其中“90 后”是重灾区，他们中有 75% 是晚上 11 点以后入睡，30% 是凌晨 1 点入睡，可见他们睡得都很晚。

“90 后”是助眠产品消费的主力军：像蒸汽眼罩、隔音耳塞、重力毯、睡眠仪，从头到脚全副武装还是睡不着。数据显示，某电商平台成交最高峰是 21 点以后，占全天消费比例的 45% 左右。在 23 点到凌晨 3 点，有好几万人在某电商平台上“熬最晚的夜，买最贵的眼霜”。

“90 后”睡不好是显而易见的痛点。人们不惜用重金为睡眠买单，这就催生出一个潜力巨大的睡眠经济。睡眠经济是指睡眠质量差或失眠等人群所带动的消费需求。据报道，2020 年我国睡眠市场规模超过 4000 亿元，2030 年有望突破一万亿元，睡眠经济作为现代生活的一种新业态蕴藏着新商机。

从细分领域看：枕头、床垫、助眠香薰灯等用品的消费金额约占 70%；保健药物约占 20%；睡眠 App 占 10%。除家居、生活类的网红产品受市场追捧外，安神助眠的医药健康类产品，市场份额也不容小觑。

有数据表明，在 3 月 21 日世界睡眠日前夕，2020 年全年购买褪黑素等有助眠功效的保健食品用户，比 2019 年同期增长了 4 倍。被喻为“东方睡果”的酸枣仁相关产品，2021 年 1 月和 2 月的购买人数就已超过 2021 年全年的人数。我国现有 2400 多家企业经营范围含“助眠、失眠、睡眠”，其中 2020 年新增 470 多家，同比上涨 23%。睡眠经济正衍生出睡眠药物类、睡眠器械类、睡眠保健类、睡眠服务类等多个细分领域，这些市场还都尚未充分开发，面对这个巨大亿级睡眠市场，我们做好准备了吗？

植发业是一门好生意吗

现在年轻人脱发越来越普遍，脱发是年轻人最担忧的问题之一。我国脱发人数超过 2.5 亿人，平均每 6 人就有 1 人脱发，其中男性 1.63 亿，接近女性的两倍。我国 35 岁以下脱发人群占比 63.1%。发际线上移又是“80 后”“90 后”的普遍现象。脱发这件“头顶大事”，正困扰和影响着越来越多的年轻人。解决脱发有两种方式：一是戴假发；二是去植发。但我国消费者都不愿意戴假发。我国生产的假发制品以出口为主，内需仅占 10% 左右，即 100 个脱发人只有 10 人戴假发。

因此植发就成为年轻人的新选择。我国有植发需求的人群平均年龄为 34 岁，“80 后”人群中有 39% 有植发需求，“90 后”中植发需求比例也高达 36%。

植发，就是把毛发较多部位的毛囊移植到没有毛发或毛发稀疏的部位，移植后成活的毛囊可以继续生长。目前植发一个毛囊单位价格在 10 ～ 20 元。如果一次植发数量达到 3000 个毛囊，花费在 3 万到 6 万元。这就催生出巨大的植发消费市场。截至 2020 年 12 月，植发相关企业有 800 多家。从 2016 年到 2020 年，我国植发行业的市场规模从 57 亿元升至 192.2 亿元，涨了 3 倍多。

我国植发行业发展势头很好，但存在三大问题：

第一，专业医护人员短缺。全国性植发行业的注册会员只有 300 多人。医生资源的匮乏直接导致整个行业发展滞后。

第二，营销手段简单粗暴。营销手段都是硬广告：像“相亲失败，形象欠佳”等，夸大治疗效果，使行业生态陷入被动局面。

第三，头部效应明显。头部店家在资源、资金、人才等方面有规模优势，而中小型店家的生存空间堪忧，被迫陷入价格战。

植发店家怎么才能赚到钱？店主要不断为患者带来更优质的植发体验和效果。毕竟对于绝大多数人来说，虽然没有少年时的模样，还是希望能通过植发拥有少年时的发量。这个行业未来大有需求。

身材焦虑催生千亿市场

减肥成了现代年轻人生活中的永恒话题。除了去健身房，吃也变得越来越重要。在你身边有没有这样的人：工作日午餐，当你还在诉苦今天麻辣香锅不够好吃时，有人却大口嚼着菜叶子，享受着“吃草”的快乐；周末，你在朋友圈晒烧烤、火锅、烤肉，有一些人却晒出刚做好的素食简餐，感叹饮食轻盈，岁月静好。你说这气不气人。

数据显示，目前中国肥胖和体重超重人数已达 3.25 亿人。害怕身材走形的年轻人纷纷选择踏上减肥之路。因此“低脂、低糖、少盐和富含纤维”的营养食物成为年轻人的追捧对象。在此趋势下，我国轻食代餐市场日渐火热起来。据统计，2020 年我国轻食代餐市场规模达 472.6 亿元，预计 2022 年会达到 1200 亿人民币，两年时间增长三倍多。

轻食源于 17 世纪欧洲的下午茶：指的是操作简单、快速上桌、分量不大的果腹食物，三明治、沙拉、寿司等都是轻食代表。之后演变成一种健康主义的生活态度，即吃低脂、低热量、少糖少盐，富含高纤维的营养食物，拒绝给身体带来负担。

因为它崇尚简单、舒适、健康的饮食理念，轻食传入中国后逐渐被国人所接受并发扬起来。《2020 年中国人群轻食消费行为白皮书》显示，调查人群中 94.9% 的人每周至少消费 1 次轻食，55.7% 的人每周消费 2 ～ 4 次；健身爱好者、减肥人员等在轻食消费人群中占比最多。

轻食越来越火有两点原因：

第一，健身瘦身需求的推动。

轻食受消费者欢迎是人们对于健身瘦身的需求：身材胖的要减脂，苗条的追求线条。在社交媒体和网红效应的助推下，轻食满足了人们对健康生活的需求。某平台发布的《轻食消费大数据报告》显示，注重健康饮食的“90 后”占到轻食消费人群的 62% 以上；“80 后”占到 26%。接近六成的消费者吃轻食就是为了减肥控制体重。天猫数据显示，2020 年轻食代餐类目销售额同比增长了 290%，该类产品消费人数三年增长了 78%，人均年消费金额达 3000 元以上。

第二，对身材保养的意识。

数据显示：中国移动互联网女性用户规模达到 5.47 亿。其中，在线上渠道 200 ～ 1000 元的中高消费层级中，女性用户占据了40%多。女性消费力的提升，她们对于健康和身材的保养意识发生转变，以前粗暴式断食，现在被席卷而来的轻食代餐所代替，因为轻食代餐能够达到减肥瘦身的目的，而且足够健康营养。数据显示，目前女性是轻食的主要人群，占到轻食爱好者的70%以上。

当下男性青年群体的身材管理意识也在逐渐觉醒。调查数据显示：约60%的男性表示对自己身材轻度焦虑，23%的男性严重焦虑。除了尝试美容护肤外，目前大多数男性用户也开始注重健身和饮食健康，尤其在饮食健康方面，“撸铁+蛋白粉+轻食”几乎是每一个肌肉男的进阶标配。

轻食成为自带“时尚光环”的商品，被追捧为健康生活的标签，有望成为都市饮食男女的主流选择，从“火锅红”到“轻食绿”是口味风向的转变，也是当下年轻人应对焦虑的自我妥协，更是他们在生活中自我疗愈的一种方式。

“颜值经济”下的商机

“颜值”这个词相信大家都知道了。有人说，始于颜值，陷于才华，忠于人品，“颜”字当头。现在凡是跟颜值相关的通常都会受到追捧。随着人均收入水平的提升、互联网短视频的传播和新消费者的成长，造就了当下追逐颜值的热潮。

人们追求潮流的服装、自拍、各种各样的化妆品、“改头换面”的医美、紧致苗条的身材等，围绕颜值一系列的消费市场也开始火起来，“颜值经济”成了一种趋势。

在颜值经济盛行下会出现哪些商业机会呢？

第一是餐厅。现在餐厅和美食都要拼颜值了。如果一个餐厅装修好看时尚、有情怀和格调，就会吸引用户来消费，年轻人吃东西喜欢拍照发到社交网络上。“好吃”不再是选择一家餐厅消费的唯一标准，年轻用户更愿意选择好看好玩的餐厅。

第二是颜物。就是颜值高的物品，好看的东西才有市场。

第三是医美。颜值经济让医疗美容行业由少数人的专属向广大群众普及。据相关数据表明，到 2022 年我国整形市场规模达到 3000 亿元。从年龄上看，过去医美行业的客户年龄通常在 35 岁到 45 岁，现在却是 20 岁到 55 岁。女性居多，但男性顾客也明显增多。在医美市场成熟的美国，35 岁以上消费群体占 80%，渗透率超过 13%；在中国，35 岁以上消费群体占比才约 12%，而渗透率低至 0.2%。

35 岁以上的女性经济能力更强，消费能力更高。但我国 35 岁以上医美消费群体需求量远未释放完全，还处于冰冻状态。未来这部分人的需求增长，将带动医美市场上升。颜值经济的产业链条会拉长，规模会扩大，品质会升级，这是一个不可避免的趋势。

表情包的赚钱能力

不知从什么时候开始，表情包俘获了人们的心，没有表情包的聊天似乎变成了一种“尬聊”。很多人喜欢用表情包斗图，觉得表情包的功能仅限于此。其实不然，在简单的表情包背后，隐藏着不简单的商业潜力。很多人充分挖掘了这一潜力，为自己创造了巨大财富，这就是所谓的“表情包经济”。表情包经济说的是：一个人靠他的表情包赚钱。是什么原因造成全民都爱表情包？

从成本角度讲，表情包降低了沟通成本，提高了沟通效率。本来需要用一段话解释的内容，也许用一个表情就能表达。从风险角度讲，表情包能降低沟通风险。对于“不会说话”的人来说，如果在沟通中遇到不知该怎么回答的问题，一个表情包发送过去，既能让谈话继续，又可以避免直接表达自己的态度。在人际交往中，这种模糊回应的方式非常有必要。从收益角度讲，“会聊天”在日常生活中很重要，而表情包对于聊天效果的提升可谓“神助攻”，在某种程度上说，善用表情包可以有效提升个人魅力。由此可见，表情包的流行并不是“一夜爆红”，是有着深刻的社会经济文化因素的。

表情包如何赚钱？据统计，地球人每天会发送 60 亿个表情包和动图。目前表情包盈利方式主要有两种：一是用户在表情包商店下载后主动打赏。由于收入有限，越来越多表情包创作者选择第二种方式：把自己的表情包形象授权给商业品牌，或将形象生产成可以进行售卖的周边商品，这就属于 IP（知识产权）开发。

比如，韩国互联网集团旗下一款即时通信软件，每年通过出售表情包获得 18 亿美元的利润，日本的“熊本熊”靠着表情包带来的人气更是成为年收入 33 亿元的公务员大 IP。

哪些人能成为“表情包经济”的真正受益者呢？

首先获益的是被当作表情包素材的人，比如明星。一些团队在制作表情包时考虑到下载量，明星便成了取材首选。就明星本身而言，他们很多表情包都是付费的，费用三成会被应用商店拿去，剩下七成则由平台与明星平分。当然明星很少在乎分成所得的收益，对他们来说，更重要的是通过表情包传播、提高自己的知名度，粉丝增多，身价也随之提高，自己与团队会得到更多的利益。

其次，表情包的设计师是获益者。例如，第一波因表情包吸金的画手，卡通形象阿狸的创作者曾获得数千万风投。各大网站的很多设计师画手都已经开了公司，专门从事表情包研发，收入从之前的数万元上升到年收入几百万元。

有这样一种说法：没有表情包的热点不算是真的热点。表情包营销和表情包变现已深入到每个人，在某种程度上，表情包的火爆可以说是技术与人性的契合，表情包经济便是情感与科技的结合体，其未来的商业发展如何，让我们拭目以待。

预制菜是下一个风口吗

买菜、洗菜、切菜到炒菜，整个流程耗时少则几十分钟、多则数个小时，这是传统的做饭流程。现在有撕开包装直接下锅，最短只需几分钟就能端上桌的颇为复杂的菜式，这就是“预制菜”。预制菜会成为下一个风口吗？

预制菜也叫半成品菜，是指在工厂洗好、切好、搭配好甚至已做好了的菜式，采取冷冻或真空包装的方式保存，消费者只需加热，或通过预制菜包装里的料包组合进行简单的烹饪，短时间内就能做出的菜品。

目前预制菜的消费群体以“90 后”消费者为主。数据显示，“95 后”消费者购买半成品菜比例是“65 后”的两倍。让众多厨艺不精的年轻人一举迈入“厨神”行列，预制菜也有了“快手菜”“懒人菜”的称号。

乐观来看，预制菜赛道已成当下热门风口之一。过去四年整个行业在悄然壮大。数据显示，目前我国已有 7.2 万家预制菜相关企业，2020 年新注册的企业就达到了 1.3 万家。不经意间，整体市场规模已从 2017 年的 1000 亿元增长至 2020 年的 2600 亿元。预制菜为何会这么火？

首先，对于工作忙的年轻人来说，买菜、备菜、做饭、洗碗一套流程下来，既花费时间又让人很疲惫，下厨做饭变成一种负担，长期点外卖存在卫生状况和食品安全隐患。再说中国人讲究一种锅气，外卖再好吃也比不上家里锅做出来的香，烹饪过程还有利于增进家人感情，消费者在忙碌工作和烹饪中找到平衡，既能保证烹饪效率，还要确保食物安全卫生。预制菜省去洗菜、备菜的烦琐过程，有效节省了时间，口味也不差，十分贴合年轻人的做饭需求，因此得到了快速发展。

其次，预制菜以“90 后”年轻消费者为主，他们更容易接受新鲜事物，随着收入水平的提高，对生活品质和食品安全要求更高。预制菜加工过程方便快捷，味道也相对健康美味，能受到这一庞大群体的认可。

最后，预制菜的发展区域在不断扩大。从最初上海、杭州这些经济发达的区域，逐渐扩张到合肥、武汉、成都这类城市。区域扩张让受众的范围不断壮大，越来越多的消费者对这一品类有了认知，并逐渐成为消费的新选择，促进这个行业的加速增长。

预制菜形成了一定规模，也面临着不小的挑战。

首先，一直被大家吐槽定价过高。一份配好的荤菜，价格在二三十元；一份素菜价格也不低于 15 元。核算下来，原材料实际成本只有总价的四分之一。有网友说“花 20 多元买预制菜回家做，这钱还不如用来点外卖，价格差不多，既不用洗碗也不用刷锅。”

其次，对运输条件要求高。预制菜需要保证配送时效和菜品新鲜，非常依赖冷链运输。目前预制菜企业面向餐饮企业的冷链物流已比较成熟，而且餐饮企业一次的订单也很大，物流成本并不高。但个人用户一次购买量很小，运输成本就很高。

对在大城市打拼的年轻人来说，随着加班文化盛行，好好吃饭是件很奢侈的事，并不是每一顿饭都有条件做成美味佳肴。由于这一痛点，资本瞄准了商机，择机而入，将更多同质化速食送到年轻人的餐桌上。未来预制菜很可能会成为年轻人厨房的常备品，它不是一阵风，而有可能是下一个风口，也是未来发展的趋势。

家政服务抢手的原因

找月嫂和保姆难的新闻一直被大众和媒体关注着。2020 年我国新增超过 79 万家政相关企业，和 2019 年同比增长 200%。从业者数量也在增加，但我国家政服务的供需矛盾却没有缓解。原因在哪儿呢?

第一，家政服务需求太大。数据显示：国内年收入百万以上的家庭有 7000 万，年收入千万的家庭有 400 万，年收入亿万的家庭有 15 万多，现有家政服务人员 3072 万。距离百万收入家庭的需求还差很远，我国家政服务的供需缺口达 3000 万。

第二，家政从业者专业能力偏低。我国的家政从业人员 88.6% 来自农村，文化水平偏低，从业人员年龄偏大，“80 后”从业人员不足 20%。目前家政市场不会出现“保姆荒”，而高素质、高能力、高情商的“金牌家政”却少之又少。

美国 3800 多所大学有 700 多所大学设有家政系 / 科，每年有数百万的年轻人在各类院校接受家政方面的训练。目前我国共有 122 所院校开设了 125 个家政相关专业，但家政专业的在校生仅为 1344 人。可见，我国培养家政服务人员未来市场巨大。

怎样让更多专业人才进入家政服务行业?

第一，提升行业的社会认可度，改变家政服务低人一等的观念。未来的家政市场将是更年轻、高端的专业化人才。目前一些海外留学回来的高学历人才进入家政行业主要提供“家庭教育”服务。不负责接送孩子，也不负责做家务，传授知识是其唯一职责，拿高工资，享受高待遇。

第二，健全从业者相应的权益保障。家政服务业之所以难以吸引年轻人，是因为权益保障不健全。国家应尽快制定家政行业服务相应的法律法规，试想一下，如果收入好、地位高，还有社会保障和养老保险，就会有越来越多的人愿意干家政服务这一行了。

快递小哥月薪过万是真的吗

由于电商市场的快速发展，我国快递行业有了一个高增长态势。快递在方便百姓日常生活的同时，快递员收入也引起了不少人的关注。快递小哥工资月入过万的新闻吸引了人们的眼球。但实际情况却是一多半的快递小哥月收入不超过 5000 元。

我国邮政快递报社 2021 年 3 月发布的《2020 年全国快递员基层从业现状及从业满意度调查报告》显示，50% 以上的快递员月收入不超过 5000 元，月收入超过 1 万元的仅占 1.3%，也就是 100 人中只有 1.3 人月收入过万。

超过 40% 的快递员每日派件量不足 100 件，超过 200 件的只占 20%，只有 1%的快递员每日派件量超过了 600 件。从年龄看，“80 后”“90 后”快递员是主力，合计超过 80%，但有 61%的快递员从业时间不足 3 年。

送件单价在逐渐降低。10 年前送一单快递提成两三元钱，而如今送一单快递提成不到 2 毛钱，10 年前收一单快递提成 6 元以上，如今只有不到 3 元钱。同时罚款比较多，像顾客丢件、送货不及时、顾客投诉等都会被罚款。

为何快递小哥工资趋势下降了？因为刚开始干快递的人不多，市场需求量大，工资高是供不应求的结果，但随着快递员人数增加，而岗位是一定的，快递员收入就没有这么高了。任何人的工资都是由市场供需决定的，快递员的工资也是供给和需求决定的。

任何行业的收入都是呈金字塔形，拿高工资的快递员肯定有，但属于少数人，多数快递员都处于金字塔的底层。都以为快递小哥赚钱很多，但现实不是这样的，请大家多关心快递小哥这份职业，他们的工作很辛苦。

未来，随着直播电商等网购的消费模式，不断向二三线及农村等下沉市场渗透，预计我国的快递行业还有增长空间。也希望快递小哥们能在行业的快速发展中获得更高的收入。

乡村振兴，你能抓住机遇吗

最近有人问，在乡村振兴下怎么把握时机抓准方向，既能赚到钱，还不用承受背井离乡打工之苦？现在我们来分析一下乡村振兴的三大商机：

第一，农村电商。我国电商规模持续增长，2019 年全国网上零售额达 10.63 万亿元，同比增长 16.5%。而我国县域网络零售额达 3.1 万亿元，同比增长 23.5%，它的增速快于全国整体增速。因此说，农村电商行业还处于快速发展阶段。

例如，农民需要外面的商品，城里的人需要农村的土特产品。过去农产品因为销售渠道单一卖价低，造成很大浪费，很多东西白白地烂在地里，无法变成财富。农村电商是一条很好的纽带，它可以通过网络把城里的商品卖下乡，把村里的土特产品卖进城。

我国现有七八亿农民，市场前景非常广阔。推进乡村振兴战略，国家会有政策倾斜和帮扶，我国互联网电商巨头的市场下沉战略。未来农村电商是一个持续创业的机会。在农村做电商，是大有可为的。

第二，农村物流。2021 年中央一号文件提出，加快农村物流、冷链物流等基础建设工作，这会给相关行业带来风口。商务部说：到 2025 年每个县城都要有连锁商超和物流配送中心，乡镇要有商贸中心，村村要通快递，要全覆盖。现在很多电商平台都把业务发展到农村，接下来，农村物流基础设施也会更加健全，确保农产品融入物流供应体系。在农村做物流是趋势。

第三，定制农业。定制农业是什么？是以绿色有机的农产品为载体，用会员制拓展用户，这是顺应新需求的农业模式。它的卖点并不只有农产品，还可吸引城里人前来体验、观光、消费，这些与旅游、养老、文化等产业深度融合，带动乡村振兴。乡村振兴有三大商机：农村电商、农村物流、定制农业，希望从业者能从中获益。

这些新职业，你准备好了吗

最近相关部门发布了 18 种新职业，据统计，未来 5 年这些新职业的人才缺口超过 3000 万。这次公布的新职业有什么特点？

第一，数字化催生新职业。数字技能人才被各大企业争抢。这次新职业中增加了电子数据取证分析师、密码技术应用员、服务机器人应用技术员、集成电路工程技术人员等，这些新职业未来很有价值。

第二，绿色发展和食品安全涌现新职业。我国提出到 2030 年实现“碳达峰”、2060 年要实现“碳中和”。像“碳排放管理员”等新职业应运而生，“食品安全管理师”也有巨大的市场需求。

第三，美好生活派生出新职业。汽车更新换代带来大量二手车交易需求，催生专业的二手车经纪人；此外，调饮师引人关注，他们不是调酒师，而是制作新式茶饮的店员。

新职业的诞生与壮大，创造了大量的就业岗位，也显著提高了就业质量。研究显示，有 56.9% 的新职业从业者月收入高于 6000 元，36.1% 的从业者月收入高于 9000 元，21.2% 的从业者月收入超过 1.2 万元。不少新职业工作时间灵活，收入也不错。这 18 种新型职业的公布，意味着未来就业会朝这些方面发展，让人们有更多的就业选择。

part 4

什么职业会消失

一个没有工作的世界

最近几年，关于人工智能的讨论一直不断。当人工智能时代来了你会被替代吗？原先大家都认为，人工智能就是让人教会机器来模仿人类的大脑，让机器和人一模一样。在 2016 年 3 月 9 号，韩国举行了围棋大赛，这是一场人和机器人的大赛，让我们看到了人工智能的与众不同。

韩国选手李世石是围棋世界冠军，他进入赛场，和一个具有人工智能的机器下棋，这个机器是计算机的程序，起名为阿尔法狗。李世石向阿尔法狗深深鞠了一躬，所有人都判断李世石会赢。最后阿尔法狗以 4∶1 战胜了他，机器人赢了。这么复杂的围棋，机器人是怎样打败国际冠军的？尤其在第二盘，阿尔法狗走出了第 37 步简直让人感到了震惊，因为棋手们从来都没有下过这一步棋，当时全球有 28 亿人观看了这场比赛，惊呆了所有人。阿尔法狗向人类展示了它的与众不同，它是怎样下出这步棋的？

人们一直都以为，人类告诉机器怎么做，机器就会怎么做，机器只是在复制人类，其实不然。人类研究的最新成果是，机器有了一种自己学习的能力。阿尔法狗和人类的围棋比赛就是如此，它让人类感到了一种担忧。因为阿尔法狗走的这一步是人类从来都没有走过的棋路，这让人类恐慌了，难道机器会自己行动了吗？

机器不仅可以像人类一样学习，而且它具备了自我学习能力。机器的优势是什么？剑桥设计者把3000万步棋谱都存入它的程序中，它每天不停地下棋，可以下千遍、万遍、几十万遍、几百万遍，人类做得到吗？它在下棋过程中能记住所有的步数，人类记得住吗？

通过这次比赛人们发现，原来机器人不受人的限制，它可以用自己的方法做事情，这一点超越了人类认知的极限，它不需要模仿人，机器有了深度学习能力，针对这一点让我产生了联想。我小时候学习做饭，只是看过大人做饭，就自己动手做，当我把做好的饭菜端到桌上，看家人吃得怎么样，知道盐放多了还是少了，根据家人吃饭的表现我不断做出调整。我的判断是什么？就是家人吃好了，他们觉得可以了，这就有了一个客观检验的标准。我是在不断试验中学会做饭的，所以我做饭不是家长教的，而是在反复做的过程中学会的。其实机器人也会如此，它必须目标明确，一步步、一盘盘地反复下，最后才能走出第 37 步棋。

这步棋所有人类棋手都不会走，因为他们认为棋盘中部的区域是不能下的，但阿尔法狗却认为可以下。这不是人类下围棋的方法，而是阿尔法狗根据自己的判断做出的决定。这一步棋它可能下过很多遍，反复试验对和错，直至它出棋赢了人类。

为什么机器人会赢了人类？就是因为机器有了深度学习能力，这一点人类需要向它学习。我们原来想，一定有很多机器不可能完成的任务必须由人来完成。现在看来不是这样子，机器可替代人类的地方太多了，超出了我们的想象。

问题来了，当机器有了自我学习能力，它是否可以超越人类呢？这值得我们思考。

未来发展方向是，机器能做的工作越来越多，随着时间的流逝，它变得越来越强大。这只能说明，今后人类的工作会越来越少，而机器的工作会越来越多。如果这个时代来了，我们会被人工智能替代吗？

需要人类干的活还有哪些

这里给大家讲一个人工智能的悖论，叫“莫拉维克悖论”。这个悖论就是复杂的事情机器很容易做，简单的事情机器不容易做。比如，一个 4 岁小孩子的动作机器很难模仿，这是 80 年代莫拉维克说的。他说，我们用手做的许多基本的事是机器要做的最困难的任务。当人类执行做饭或修剪灌木这样的任务，是人们往往在无意识的情况下本能地执行任务。

其实这种想法也叫“AI 谬误”，这是一种错误的信念。他们认为机器只是复制人类执行任务的一种方式，但现在机器可以控制许多非常规的任务，这一点很重要。为什么？因为人们都认为常规性工作会先被机器替代，其实非常规性的任务机器也是可以做的，这一点是我们对机器认识的一个巨大飞跃。

尽管如此，有些任务仍然局限在人类。比如，我们重视这件事是由人而不是由机器完成的。又如，我们喜欢足球比赛是由人来踢球，而不是机器在踢球。

再如，制作家具、裁剪西服、准备饭菜、照顾老年人和病人，我们认为这些工作应该由人类来完成，但如果你认为只要有足够的需求，所有人都能继续工作，那这种想法是错的。为什么？因为渴望和现实不是一回事，如果一个机器人服务得更好，你会找谁干？如果私人定制的服装太贵，你会找谁干？这里有一个经济和成本的问题，这就是AI时代必然到来的根本原因，因为它更经济。

大家想想英国的农民，尽管在过去100多年来英国的农业领域取得了技术的进步，但今天仍然有一些任务需要人类来完成，不过这些任务的需求量使今天的农民比1918年少了十分之一。

看看美国更是如此，美国之前有大量人口从事农业，现在只有2%了，都是机器取代了人工，未来很多工作都将被机器替代是大势所趋，但会留下一些工作让人类完成。如，人老了需要有人照顾，你是愿意让机器去做，还是让人去做，这里涉及情感问题，机器人能给你做饭，你愿意让它做吗？还有你做了手术，你愿意机器人陪护你吗？等等。有人会问，我们大多数人会干什么工作呢？

政府会从机器人那里收税，发给那些没有工作的人，很多人都会干一些义工。我们现在该怎么办？大家不需要恐慌，这场变革和以往任何时候都不一样，过去是机器取代了动物的工作，现在是计算机取代了人类的工作，我们要和越来越多的机器人开始打交道，未来机器人会超越人类大脑，它不是复制人类的，而是超越人类大脑，它们可以自己做出计算。

我乐观地认为，人类不会完全输给机器，我们要和机器竞争，以保留人类的智慧和能力。我们要学会和AI和平共处。未来时代也许我们不必很辛苦地工作，很多工作都交给机器去干，比如在炎热高温下，不需要建筑工人再冒着酷暑作业，可以让机器去干。人类可以站在机器之上来管理它们吗？当人没有工作可干时，你愿意无所事事吗？

有些人喜欢不工作一直待着，可有些人就觉得无聊，他们喜欢忙碌地工作，让自己活得有价值。你想选择什么呢？不管你喜欢与否，人工智能的时代都必将到来，我们要做好迎接它的准备。

银行铁饭碗还能保住吗

科技进步让很多岗位都面临被淘汰的风险，铁饭碗时代要变了。

比如，银行工作这个被誉为“丈母娘最青睐的职业”，现在情况却不同了。进入 2021 年 9 月，上市银行陆续公布半年财报，有两组数据引起热议：工、农、中、建四大行的半年报数据显示，上半年合计减少 187 家网点或机构，2021 年全年四大行合计减少 370 家，上半年四大行的人员减少了 2.2 万人。银行减人减网点，为何会这样？

一是与互联网移动智能服务的普及有关。目前生活缴费可通过网上办理，理财有基金、信托、互联网金融等货币基金产品，除了挂失补卡或者巨额存款，大部分人很少再去银行，通过手机能搞定一切。智能化在一定范围和区域替代了人工，人工智能设备大量应用造成银行减员，目前多家银行的柜面交易替代率在 90% 以上，部分银行已超过 95%。如此高的业务离柜率，网点人员和柜台人员的减员在所难免。二是每年到龄员工的自然减员。四大国有银行成立时间早，每年有大量的自然减员是正常的。三是由于各种金融机构的拓展，对金融人才的需求量加大，一些银行员工主动从银行退出，对银行现有员工体现出一定的分流。

过去 300 年来，没有发生过大变化的传统银行，现在面临着以移动支付、人工智能为代表的金融科技的巨大挑战。业内人士说，目前的趋势是：移动支付消灭现金和银行卡；互联网消灭网点和 ATM 机；人工智能淘汰银行柜员。

像网上银行、数字货币、理财营销，这是未来金融业的趋势。一方面是低技术含量、高人工成本的柜员减少；另一方面是新进高学历毕业生增多，含金量更高、更赚钱的创新业务逐步开展，对银行业降低人工成本、提高劳动效率、创造新业态、增厚盈利空间打好了基础。将来银行业人员更精干、各方面素质更高，创新业务增多，银行转型后，会迎来更好的发展前景。信息时代的迭代太快，如果跟不上就会被抛弃。因此要提前掌握大趋势，根据自身情况尽早做出选择。

低端制造业转移后，我们会失业吗

近年来，随着劳动力成本的不断上升，我国越来越多的劳动密集型企业把工厂转向东南亚和非洲等地。有人担心：中国低端制造业转移到国外后，我国的工人会失业。

首先，产业转移是一种必然。全球有过四次大规模的产业转移：第一次在20世纪初，英国将“过剩产能”向美国转移，使美国超越“日不落帝国”。第二次在20世纪50年代，美国钢铁产业和纺织产业向日本、德国转移，让日、德成为新的“世界工厂”。第三次在20世纪60年代，日、德向亚洲和拉美部分国家和地区转移轻工纺织产业，让“亚洲四小龙”成为新世界工厂。第四次在20世纪80年代初，欧，美、日及部分亚洲新兴工业化国家和地区，把劳动密集型产业和低技术、高耗能产业向发展中国家转移，中国成为新的“世界工厂”。

所以不必担心，我国中低端制造业并不会全部转移，因为我国西部地区还不是很发达，还会保留一些中低端制造业。转移出去的企业的原有工人可进入我国的中高端制造业，还可进入服务业。

过去我们穷，吃饱饭是大事，把环境污染和低利润先放到一边，现在我们追求的是优美的环境、更高的收入和低强度的劳动，我国在低端制造转移的同时，中高端制造业也会发展起来。

我们说，中高端制造业需要的人比劳动密集型产业人要少很多，但这并不意味着很多人将会失业。例如，某城市有一个利润很高的企业，即使这个企业的员工可能只有几万人，但它能带动几十万人就业。这几万高收入人群的消费能力，带动了周边的各行各业，如旅游业、餐饮业、文化娱乐业等，在没有这家公司之前，这些都是无法发展壮大的。

因此，在我国中高端制造业发展起来后，高收入的人会大量消费，服务业会快速发展，那些“失业”的人就可以转移到服务业中去。

300 万医药代表将消失

医药代表人们早就耳熟能详，过去我们能买到新药、好药、特效药，确实有医药代表的功劳。但为了赚取佣金、中饱医生和医药代表自己的私囊，多开药，开贵药，让百姓花了大钱治小病，甚至花了钱没治好病都是一直存在的现象。对于医疗这个特殊行业而言，医药代表靠吃差价“赚”出一个巨大行业，从业者有 300 万之多。而医药市场销售额排到全球第一的美国，其医药代表从业人数尚不足 10 万，日本从业者不足 6 万。

在我国 300 万医药代表要消失的背后，究竟发生了什么？

医院是提供药物的重要渠道，在药品采购过程中，厂家和经销商往往会给医院高额的返利，卖药给医院的人叫医药代表，简称“药代”。20 世纪 80 年代末，医药代表这个职业首次在我国内地出现。这一时期的医代往往是科班出身，专业水平过硬，也最接近医代们“学术推广”的职业本质。在缺医少药和信息匮乏的年代，医药代表带着外国研发的“新药”在中国市场高歌猛进，是医生了解医学前沿的宝贵渠道。

1992 年，前所未有的开放使得市场迅速扩张，无序竞争从这时埋下伏笔。为了保证自己的销售业绩，很多医代开始采用“带金”手段。就是按照每盒药给处方及分管医生一定金额的现金回扣作为报酬。一般回扣是 10% ～ 30%，抗生素类药物能给到 30% ～ 50%。靠这种手段医代并不需要医学背景，甚至不需要医学知识就能推广药品，职业门槛降低了，从业人员的资质良莠不齐，逐渐沦为一个纯销售职业。

看病贵，看病难成为那个时代的底色，直到 2014 年葛兰素史克行贿案案发，这一切才被掀开。葛兰素史克作为一种常见的抗病毒药物，在韩国、加拿大、英国分别售价为 18 元、26 元、30 元，在中国却能卖出 142 元的高价。事件曝光后，葛兰素史克被开出 30 亿元罚单，引起医药反腐的巨浪，医院挂起“医药代表禁止入内”的牌子。

2016 年国家出手了，针对药企“两票制”和“4+7 制度”实行，逐步开始瓦解传统医疗销售模式。“两票制”是指在药品从药企流通到医院的过程中，只能开两次发票：从药企到经销商开一次，经销商卖到医院再开一次，流通环节被直接压缩。“4+7 模式”指的是在 11 个城市，针对仿制药等品类集中采购，相当于国家动手“团购”药品。对习惯了“带金销售”的医代来说，最狠一拳莫过于集采时代的来临。

集采，指的是政府通过招标选择药品并进行“集中带量采购”，这意味着价格成为药品能否被采用的最重要的因素。过去 3 年内国内共有 5 批总计 218 个品种的药品纳入集采。纳入集采后这些药品的价格平均降幅超 50%，最高降价 90%。有机构预估，未来在中国医药行业的处方药体系里，医药代表会从 300 万人缩减到 50 万人左右，将有 250 万人丢掉饭碗。

从市场环境可以看出，时代大势已无法阻挡。凡是缺乏医学功底、无法胜任学术推广任务的百万医代们将面临失业的命运。不过行业退潮，转型或许才是更常见的选择。数据显示，27.2% 的医药代表存在兼职情况，3.5% 的人正在创业中。也就是说，超过三成的医药代表已不满足当一个全职代表，正在寻找新的出路。

保险代理人路在何方

作为保险业的传统渠道，保险代理人一直饱受争议。从2021年开始保险行业出现大调整，百万保险代理人由于各种原因离开了保险业，五大上市保险公司同步裁员，优化代理人团队，这些都是大动作。保险公司为何要这样做？保险代理人路在何方？

1992年，保险代理人模式从国外引进，到2019年我国保险行业代理人数量走向巅峰是973万人。我国保险业市场规模从2014年2万亿元跃至2020年4.5万亿元。截至2021年上半年，保险代理人官方统计数字是770万人，比2019年的973万人少了200多万人。近30年来我国保险代理人数量首次出现负增长，主要原因有以下几点：

第一，保险业的优胜劣汰。2015 年我国取消了保险代理人的资格考试，保险代理人成了零门槛职业。于是保险代理人迎来了井喷时代，保险行业也迎来野蛮生长周期。2014 年保险代理人为 325 万人，2015 年接近 500 万人。由于门槛低，市场竞争强，高压力，无保障，企业管理严苛等原因，代理人往往深陷高投入、低收益的内卷化循环中。在这样的背景下，人情式销售成了保险代理人立足行业的根本。当人情耗尽，代理人只能离开这个行业。

这也是为何国内累计保险代理人从事人员超过 5000 万人，但保险代理人仍然是短缺职位，且离职率加淘汰率高达 80%。因此，创造一个健康可持续性发展的保险行业生态成了监管层和整个行业的共识。2020 年上半年，多家险企在优化代理人质量。除了提高学历要求等招聘门槛外，大部分险企开始缩减代理人队伍。

第二，保险业的吸引力在减弱。居民收入水平和消费欲望降低，人们买保险的行为也在弱化。本来有意向从事保险行业的人，发现还有其他工作机会。例如，互联网平台自媒体、外卖配送等，这些相对于保险来说难度较小，短期内赚钱较多。因为有更多职业选择，保险业吸引力减弱，愿意从事保险行业的人越来越少。

第三，保险业的互联网化。数据显示，2020年互联网人身险业务平稳增长，累计实现规模保费2110.8亿元，同比增长13.6%。与线下保险营收相比，互联网保险有场景的碎片化、交互频次高、交易时效强、不受时空限制等优势。当消费者通过网络平台买保险和赔付时，线下业务受到考验。数字化的保险代理公司不仅能够在多家保险公司中针对客户需求做匹配，且员工专业度较高，导致线下保险人员的从业难度加大，在强考核压力下无法承受，最终被公司清退或者主动离职。

在此种情况下，我国保险代理人将何去何从？

从行业看，我国保险业会越来越正规化和系统化。我国从发展中国家向发达国家迈进，没有健全保险体系做支撑会对国家财政产生较大压力，保险能有效缓解财政难题。而国人保险意识在提高，1991年国内保险人均保费约为3美元，到2019年我国保险人均保费为441美元，这一水平远低于国际均值约820美元，我国保险人均保费还会持续快速追赶国际均值。当国人收入提高后，买保险的人会多起来。

从保险代理人自身看，不论是传统保险公司，还是经纪公司都在强调代理人优质“转型”，各大险企从数量增长向质量增长转变，注重提高人均产能，打造高质量、高产能、高收入的三高代理人。你要想持续做好保险代理人，重要的是学习能力的提升。这是系统化学习，而不是碎片化的简单过目。在信息开放、产品更迭频繁的保险市场上，你的知识必须是系统且实用的，这样才能帮你脱颖而出。

保险业的野蛮生长时代已过去，未来要合规、合法地开展保险业务，在不断优化中，筛选出一批符合要求的高品质代理人，未来保险行业一定会精益求精。

值得注意的是，2020 年 11 月 23 日，银保监会正式印发《保险代理人监管规定》(以下简称《规定》)，于 2021 年 1 月 1 日起施行。《规定》提出了独立个人保险代理人概念，表明市场发展趋势。保险行业期盼已久的独立个人保险代理人制度终于破土而出，让数百万保险代理人迎来新政策。而个人独立代理人的时代正在向我们走来。

打一份工不够了

你是否想过，你未来的工作是什么样，是朝九晚五坐在格子间？还是下雨天因怕堵车，要早起半个小时挤公交、地铁？或是依旧在寻找“钱多、事少、离家近”的梦想工作？如果说未来绝大多数人要结束每天朝九晚五打一份工的时代，取而代之的是一个人身兼数职要打多份工，你相信吗？

事实上，打一份工的时代正在快速消失，上午是网络作家，中午去兼职送外卖，下午当网约车司机，类似这样灵活就业的人在我国高达2亿，以我国近9亿劳动人口来看，意味着每5个劳动人口当中至少有一个人在打零工。

有人认为，这两年灵活就业人员增多，主要是不少人从原有行业中退出来了，因此很多人搞自媒体、开网约车、做外卖骑手。

实际上外部因素只是催化剂，放大了社会对该群体的关注度。灵活就业是一国经济发展到一定阶段的产物。欧美发达国家从2000年就开始进入灵活就业时代。技术进步从长期来看是好的，但短期对一部分人来说很难受。拿洗衣机来说，它对世界的影响很大，解放了一半的社会劳动力。19世纪70年代洗衣机刚发明时，好多人接受不了，当时人们普遍认为，女性就该做饭、打扫卫生等。洗衣机问世后，女性从家务中解脱出来，提高了生产效率，降低了劳动成本。

另一个原因与超前消费主义盛行有关。买房付不起全款，先交首付找银行贷款；这个月没钱了还想消费，用信用卡和各种分期付款提前透支。为还债就出现一人打多份工的情况。有数据统计，2017年全国住宅用房法拍房数量为9000套，2021年高达168万套，买房者没钱还房贷了。

有机构研究表示，现在90%的全职岗位在未来20年会消失，这意味着未来全民都有可能进入灵活就业时代。随着人工智能的发展和普及，很多单调重复性的、不需要长时间做决策的、机械性的工作都将被机器取代。你需要做的是让自己成为这些零工中的佼佼者，让雇主给出更高的价格，当然具体值多少钱，要取决于工作的稀缺性。

part 5

当下职业新宠儿

清华迎来第一个机器人女生

如果你走在清华园，看见一个容貌清秀的女生：她身穿T恤衫、牛仔裤，脚上蹬着一双白板鞋，扎一个马尾辫，背着红色双肩包，漫步在清华园。你可别把她当成普通女生，她叫"华智冰"，是清华大学在2021年6月1日迎来的第一个虚拟学生。她在计算机系培养和学习，清华大学给她办理了学生证和邮箱。她的视频引起了轰动。

华智冰的智商和情商都很高，她不仅颜值出众，还很有艺术细胞，她能绘画、题诗、创作剧本杀，具有一定的推理和情感交互的能力。她的脸部和声音都通过人工智能模型生成。

华智冰不是一个简单的虚拟人物，她背后依托的是中国"悟道"超大规模的人工智能模型。据了解，这个模型参数达到1.75万亿，可以同时处理中英文和图片数据。模型还引入大规模的知识图谱，构建了数据与知识双轮驱动的人工智能框架，并通过这种框架分析、理解富含前沿技术信息的知识。

据说华智冰通过不断思维训练，会越来越聪明，除了会作诗、绘画外，她还具有探索能力，未来的她还会编程、设计页面、写代码等。她的导师表示："华智冰的成长速度肯定会超过现实中的人，假设她今年只有 6 岁的智力，刚刚'幼升小'，明年就可能会达到 12 岁，完成'小升初'。"

华智冰的亮相引起网友关注询问，如何能和这位美女同学有更进一步的接触。她的导师说，华智冰还有很长的学习之路要走，目前她还无法完全和普通大学生一样学习、生活，也不会遇到情感问题，我们希望她先掌握足够的技能，再寻求在推理和情感交互方面有所突破。

华智冰的出现标志着我国 AI 技术上升到一个新的高度，她等同于一个智能的自动化工具。最让人惊奇的是，她还可以应用在手语翻译、新闻稿撰写、服装设计等领域。以前总觉得，人工智能机器人与人类在现实中生活在一起，从事各个领域的工作和角色是科幻片，我们离那一步还很远。其实现在已经不远了，机器人时代正在向我们走来。

我国的工业机器人

近年来，我国机器人产业快速发展，2020 年我国工业机器人市场为全球贡献了 40% 左右的份额，连续多年稳坐世界最大机器人的消费国地位。

工业机器人是指在人的控制下进行智能工作，并能完美替代人在生产线上工作的多关节机械手或多自由度的机器装置。与人类相比，机械手具有成本低、效率高、24 小时工作的特点。我国工业机器人起步于 20 世纪 70 年代初，至今已有 50 多年发展历程，目前有很多技术都已跻身于国际先进水平。有人问：我国是人口大国，劳动力资源丰富，为什么还要大力发展工业机器人，让我国更多劳动力面临失业的压力？

让我们看一下，美国工业机器人的发展历史。美国是工业机器人的起源地，1962 年世界上第一台工业机器人在美国问世。然而，美国工业机器人的发展道路也是坎坷的。在工业机器人发展初期，参与研发的只有几家公司和大学。当时美国经济不景气，失业率很高，美国政府担心工业机器人的发展会使得美国失业率提升。由于没有政府组织和财政投入，美国工业机器人发展缓慢，而同时期日本的工业机器人发展迅速超过美国，在全球市场占有 50% 以上的份额。

随着我国劳动力成本的上升，制造业劳动力优势并不明显，因此我国制造业迫切需要智能化转型。在此机遇下，工业机器人大有可为。例如，在密闭大厂房里发生火灾，温度可能在 10 多分钟内上升到 800 到 1000 摄氏度，别说人靠近了，一般消防设备都只能在外围作业。针对这一点，耐高温的消防机器人可以在 1000 摄氏度的环境中连续工作 30 分钟，这就扩展了消防救援人员的作业范围。又如，藻类、贝类附着在船底，不仅腐蚀船身，还影响航行。用传统高压水枪方式清洗船底对外表漆面有损害。在 2021 世界机器人大会期间，有一款水下清洗机器人，通过高压气泡的方式清洗，不仅不损伤船体，还能有效清洁一些结构复杂的区域。未来工业机器人会大范围地取代危险性高、重复性强的行业。

机器人被誉为“制造业皇冠顶端的明珠”，它的研发制造和应用是衡量一国科技创新和高端制造业水平的重要标志，是实现《中国制造 2025》计划的重要工具。因此，我国致力于研发更好、更先进的工业机器人就显得尤为必要。

产业互联网开始了

互联网未来还有戏吗？互联网上半场已经结束了，但下半场才刚刚开始。并且未来 10 年，这个领域还有很多机会，它就是产业互联网，也就是实体产业与互联网的融合。

回看过去十几年，互联网深刻改变了我们的生活。购物可以逛平台了，吃饭可以点外卖了，支付刷个脸就行，出行一趟所有事情都可以网上预定。但细看互联网的上半场，它大部分贡献在于个人消费上，也叫消费互联网；而对产业和生产的赋能却相对较少。

互联网的发展符合经济学原理。经济学有个词叫“低垂的果实”，是指那些长得很低，垫垫脚就能摘到的果实。尽管互联网能做的事很多，但它会优先去摘低垂的果实，做那些成本低、回报快的事情。比如，通过数据整合连接商家和顾客。而赋能产业的回报更慢，技术要求更高，并且要对产业有深刻了解，所以人们就不会优先去做。

但现在为什么人们从消费互联网到开始重视产业互联网了呢？

原因是消费互联网市场趋于饱和了，从衣食住行到生活服务，该覆盖的都覆盖了，互联网连接的手机、电脑终端数量大约有 35 亿个。而产业互联网还蕴含着很大的机会，它能连接人、设备、软件、工厂、产品等，其潜在的连接数量可能达到数百亿。从国民经济的发展来看，产业互联网是推动我国产业升级的重要一步，可以优化产品的生产和流通，帮助企业降本增效，在各行各业提升我国的产业竞争力，因此一直受到国家的重点扶持。

拿智慧农业举例。试想这样一个场景，今后农民不再是面朝黄土背朝天，只需坐在电脑端进行简单操作，就能在温室大棚里完成播种、浇水等一系列种植流程。拿灌溉来说，只要在作物附近装上各类传感器，就能实时监测土壤的湿度和养分。当土壤湿度低于标准值，就自动打开灌溉设备，当达到标准值就自动停止。它利用的正是大数据和物联网技术，从而节省了人力、提高了效率和作物产量，这在未来有很大可能被普及运用。

消费者也不用担心食物不安全了。因为每个食物都有唯一的身份，利用物联网技术也可以对食品进行深度溯源，扫一扫二维码，就能完整跟踪产业链，从田间养殖到对食品的加工包装，全部记录其中。

除了农业，互联网还能给很多产业赋能，尤其可以关注名字中带“智慧”“智能”“数字”的产业，这都意味着互联网与产业的深度融合。尽管产业互联网很难像过去消费互联网那样在短时间内爆发式地增长，但随着技术沉淀，也会迸发出很强的势能。

当然这个过程还很漫长。如果你是有行业背景的人，相信你不缺工匠精神，但也要主动去拥抱互联网思维。比如，研发一个产品，可以让它迅速地“小步快跑”，小范围内测试，然后收集反馈不断迭代，这样可能效率更高。过去互联网的从业者也可以考虑转型到某个实体行业，带去互联网的思维和认知，不断补足行业知识，帮助产业完成转型升级。

“元宇宙”到底是什么

最近有个新词叫“元宇宙”。2022 年 8 月 29 日，VR（虚拟现实）创业公司小鸟看看官宣，公司被字节跳动收购，市场预估金额是 90 亿元。美国一款社交工具脸书宣布，5 年内成为元宇宙公司，微软宣布企业元宇宙解决方案，腾讯等巨头纷纷布局这一热门赛道。毫不夸张地说，企业或产品贴上“元宇宙”，立刻引来关注。有人认为它是 VR 的进一步升级，能大大提升 VR 设备在虚拟游戏中的体验。也有人高喊，它是“互联网的未来”，让虚拟生活和人类的现实生活融为一体。

“元宇宙”的概念到底是什么？元宇宙最早是由美国科幻作家尼尔·斯蒂芬森在 1992 年出版的小说《雪崩》中提出的。根据小说描述，未来的人们在一个沉浸式数字世界中，以虚拟替身的形式相互交流。我们都生活在一个真实的、遵循各种物理定律的现实世界，当我们戴上 VR 眼镜，借助手机、电脑等设备接入网络后，就可以进入一个数字的，由某些科技公司创建的虚拟世界。而这个虚拟世界就是所谓的元宇宙，它平行于我们的真实世界，你可以把它理解为，像地球一样的另一个星球，只不过这个星球并没有存在过，而是在游戏公司的服务器里，你可以在这个虚拟星球上像在地球上一样，去生活，去工作，去享乐。

元宇宙概念最早出现在科幻作品中，是什么原因使得它在现实中火了起来？

第一，从需求层面看，人们在现实世界的联系逐渐减弱，加速了数字世界的完善，人们在虚拟空间中交互的时间越多，对虚拟世界的需求也随之变多。

第二，从技术发展层面看，随着 VR、AR、5G、AI 等技术的发展，曾经只能出现在科幻小说和电影中的场景已经一一变为现实，这既是元宇宙的最初形态，也为元宇宙提供了一个可见、可触摸样本。比如，在 2020 年美国加州大学伯克利分校，因疫情原因无法现场举行毕业典礼。学校在游戏“我的世界”这个虚拟世界中，搭建了一个和真实校园高度一致的虚拟校园，学生们通过相应的设备，以“虚拟分身”的身份来到虚拟校园参加毕业典礼。

第三，从经济层面看，企业巨头们真金白银地去做“元宇宙”这件事，一定看到了未来的商业前景。就当前情况而言，游戏是元宇宙的雏形，但元宇宙为游戏的内容创作带来了更广阔的自由度和用户活跃度，这意味着游戏厂商们或将有机会开辟游戏产业新阵地。在互联网行业的红利空间遭遇瓶颈的情况下，元宇宙似乎提供了新一轮的增长机会和升级风口。

随着国内外科技企业纷纷布局“元宇宙”，这一概念的主要承载硬件：虚拟现实，也就是 VR 等头显设备也迎来了产业变革机遇。数据显示，2022 年第一季度全球 VR 头显设备出货量和 2021 年同期相比增长了 52.4%，在 2021 至 2025 年间，全球 VR 头显设备出货量有望达到约 41.4% 的年均增速。

VR 是“元宇宙”的重要入口，但“元宇宙”也需要 5G、云计算等技术的支撑。目前，这些技术无论从规模还是质量上看，还都没达到能构建元宇宙生态的水平。未来的元宇宙究竟是什么样？让我们拭目以待！

虚拟数字人是下一个风口吗

什么是数字人？简单来说，就是一个由计算机生成人具有三维形象的人物 IP。2022 年以来，随着元宇宙概念大火，各种数字人接连出现，从时尚娱乐到商业文化，数字人是全面开花。比如，虚拟的美妆博主柳夜熙、清华大学的虚拟学生华智冰、国内银行的虚拟员工“3D 金融数字人”等。看到这儿，你可能会问：虚拟数字人会是下一个风口吗？它会像手机一样成为每一个人的标配吗？

最新的数字人有了重大突破，数字人可以在手机软件内和用户互动、语音搜索，分享专业知识。数字人的打造是一套庞大的人工智能系统综合作用体现。如果没有计算机视觉、语音、自然语言理解，以及知识图谱等，这些技术端的储备，是无法支撑起数字人的建造的。所以，必须是拥有强大互联网基础的人工智能公司，才能在产品力、市场上占据行业的制高点。

现实与元宇宙间的铜墙铁壁将被打破，科技力量会颠覆现实生活。未来，你可以把你喜欢的明星制作成数字人，放在你的手机桌面上，你对他下达指令，这个数字人就会变成你的助理了。你甚至可以将自己生成一个数字人，当你在办公室敲击键盘时，你可以给他一个指令说，去感受一下夏威夷的海风吧，他就可以代你去夏威夷，他吹海风的清爽感觉会让你如同身临其境。数字人还可以去世界各地旅行、玩各种极限运动，甚至可以上天入海，探索宇宙。

元宇宙和数字人时代就要来了，人类搜索即将进入 3.0 时代。搜索 1.0 时代是用文字输入来搜索，2.0 时代是用拍照和语音搜索，3.0 时代是把数字人助手引进来，让它帮你搜索服务。

截至 2020 年，中国虚拟市场的规模已达 560 亿元，到 2030 年会形成高达 2700 亿的蓝海市场，在这种浪潮下，一家工厂、一座建筑甚至一个城市，都将有一个数字孪生的模拟版本。你上班时在北京，下了班推开公司大门，就走进了富丽堂皇的维也纳国家歌剧院，在流淌的音符中消除你一天的疲乏。更多的设计师和创造者将会在虚拟现实和元宇宙中设计出数字产品，我们将面临一个全新的虚拟世界。你可以把自己设置成自己希望在这个世界成为的角色，你可以是一个发明家、一个银行家、一个街头艺术家，或是统率千军万马的将军。数字人的出现为世界打开了一扇窗，更多风景，更多美好，更多期许，都等待着你去探索。

直播带货成了正式工种

2021年10月，人社部、中央网信办、国家广播电视总局共同发布了互联网营销师国家职业的技能标准。带货主播成为正式工种，他们也有资格证书了。转正后需要有职业标准，而这个标准出台了。根据个人能力和经验，带货主播分为五个等级，主播已进入规范化、职业化时代。

直播带货兴起后曾野蛮生长。2016年是“直播元年”，电商巨头在小范围试水直播，并没有成熟的商业模式，与其说是直播带货，不如说是直播宣传，主播们只负责吸引用户的眼球。从2017年下半年起，短视频开始火了，2017年中国短视频用户规模为2.4亿，到2018年增长到5亿，2019年增长到8亿，诞生了一大批粉丝百万的主播，其流量非常可观。

流量不等于收入，如果流量不能变现就毫无价值。各大平台把目光瞄向了跟“钱”关系最紧密的带货。在传统电商的影响下，2019年中国有7.3亿网购人群，主播们是站在前人肩膀上高举高打，2019年直播带货规模达到4400多亿元，较2018年涨了两倍。

2020年受疫情影响人们宅在家里，刷视频、打游戏让很多人看到了商机，投身到直播带货大潮。据中国演出行业协会统计，2020年我国有近100万的活跃直播带货主播，演艺圈、娱乐圈的明星也开始带货，演艺界90%的明星都走入过直播间。在如此海量主播的努力下，2020年我国直播带货规模突破了1万亿元，比甘肃一个省的GDP都高。

但问题也随之涌现，市场监管总局介绍，2020年全国12315平台共受理“直播带货”投诉2万多条。产品质量把关不严、使用“极限词”等，诱导消费者冲动消费、售后退换难以保障等问题突出，这背后既有平台管理的责任，也有主播自身问题。

直播带货兴起不到3年就吸引了100多万从业者，缔造了万亿元规模的销售量，靠的是野蛮生长。2022年频频爆出主播漏税问题，是整个行业不规范的缩影。从表面上看有上万亿元规模，但实际上大多数的主播收入有限。一家专业直播带货公司表示，公司有23个带货主播，工资高的一个月能拿到10万以上，工资低的则不到3000元，月薪低于一万元的主播占比过半。专业主播尚且如此，普通主播的真实收入可想而知，所以不是所有主播都赚钱。

这次发布互联网营销师国家职业的技能标准，是国家对直播带货的规范。大家不要觉得直播带货很简单，在镜头前聊聊产品性能就行了。事实上要想把直播带货做好，不但要有专业知识背景，还要有控场能力、互动能力，更要有一颗对市场和消费者的敬畏之心。在直播带货的投诉中，占比最高就是产品质量差，表面看是因为主播和团队没做好品质把控，而深层原因就是一门心思赚快钱，不尊重市场和消费者。只有让带货主播转正，对他们的能力素质进行考核和认证，才能保证直播带货这个职业的健康发展。

目前，传统电商的流量达到天花板，而直播带货的新型电商形态会成为未来趋势，对带货主播的规范是为了让这一行业健康发展下去。不过本次发布的证书并不是准入证书，而是水平认定证书。目前没有证书的主播还可以带货，且认证门槛也不高，只要初中学历、有 1 年相关从业经验就能报考初级证书。从长远来看，被认定过水平的主播一定能获得更多消费者的认可，能获得更大的成功。

我们说，任何一个行业要想持续健康发展，都要规范化、职业化。作为一个新型职业，想去做带货主播，别忘了考证。

国货崛起正当时

最近各大网络平台都被一些等国货品牌刷屏，因为他们低调捐款，使网友们对这几个品牌的好感倍增，在大众眼里立起了国货形象。数据显示，消费者对中国品牌的关注度 10 年间从 38% 提升到 70%。有趣的是“00 后”和“90 后”消费者占了半壁江山，他们购买的动机不是因为价格，只是民族感。

在此背景下我国的服装、家电、手机、汽车、化妆品、婴儿奶粉等国货品牌都在全面崛起。从市场占有率看，2020 年国产奶粉从 41% 提高至 54%，国产汽车从 38.2% 提高到 41.6%，国货彩妆从 3.1% 提高到 19.5%。龙头品牌增速更快，李宁、波司登、安踏 2020 年收入分别为 145 亿、136 亿、356 亿元，过去三年复合增速分别为 18%、15%、29%。

国货为何会崛起?

第一，民族文化自信不断加强。

伴随着国力的强大，国人的文化自信进一步加强。年轻消费群体对新品牌、新营销的接受度非常高。

第二，国货正在超越外资品牌。

以服装领域为例，海外品牌多年未推出有突破性的技术；反观国产品牌，则呈现专业化、年轻化、细分化的趋势。精准抓住了新一代中国年轻人的文化认同感和自信感。

第三，数字化和新流量推动国货崛起。

2015 年，数字化打通了线上、线下直营和加盟体系，打通了仓储物流配送体系以及供应商，让整个零售效率迅速提升。迅速崛起的新媒体、直播、私域等新流量资源是年轻人的聚集地，这有利于国货传播。国货当自强，未来皆可期。

碳交易市场的商机

我国碳排放权的交易市场，于2021年6月底正式上线交易，多地、多行业、企业都在紧跟风口卡位布局。上海联合产权交易所发消息称，全国碳排放权交易系统顺利通过技术验收。

什么是碳交易？例如，特斯拉新能源车2020年第四季财报显示，特斯拉在2020年通过售卖碳排放积分获得15.8亿美元的营收。2020年净利润达到7.21亿美元，上年同期为–8.62亿美元，首次实现单年盈利。就是说如果没有卖碳排放积分这部分收入，特斯拉在2020年是净亏损的。

又如，比尔·盖茨每年花700万美元抵消他的个人碳足迹。特斯拉是生产电动汽车的，碳排放积分用不完，有结余卖给了其他碳排放积分不够用的车企。比尔·盖茨个人出行用私人飞机，碳排放量大，自己不够用，就要花钱购买额外的碳排放积分，这就是碳交易。

碳是怎么交易的？碳指的是温室气体（如二氧化碳），碳交易是指碳排放权的交易。例如，国家给一家企业 1 万吨的配额，这家企业只能排 1 万吨，超过 1 万吨就得花钱买排放权才能排。这是用经济手段去推动企业转型，节能减排，达到控制碳的排放量。企业花钱买排放权，政府也能拿钱做环保。

碳交易在国内外情况如何？从全球看，目前全球还尚未形成统一的碳交易市场。欧盟碳市场是领跑者，它拥有全球最大的碳交易市场，碳交易额已达 1690 亿欧元左右，占全球碳市场份额的 87%。

我国情况如何？把碳排放权作为商品进行交易，我国探索了近 10 年。截至 2022 年，全国共有 8 个地区开展碳排放权交易试点：北京、天津、上海、重庆、湖北、广东、深圳、福建。2021 年 6 月，即我国碳排放权交易市场正式上线交易之前，各试点碳市场累计配额成交量约为 4.8 亿吨二氧化碳，累计成交额约 114 亿元。据预测，全国碳市场市值可能达到 1500 亿元左右，如考虑到碳期货等衍生品交易额，规模可达 6000 亿元左右。

普通人如何参与？现在碳排放配额主要针对的是企业，也许以后会分配到个人。比如去植树造林、出行不开车等，这些被国家认可并纳入国家自愿减排项目的类型，说不定个人也能来参与未来碳市场的买卖和投资。简单地说，普通人通过植树造林获得的碳排放配额，远远大于自身产生的二氧化碳排放量，那多出的这部分也许就可以在交易市场交易了。

碳交易对普通人的影响

全国碳排放权交易市场自 2021 年 7 月 16 日上线交易以来，截至 2022 年 7 月 15 日，碳排放配额（CEA）累计成交量 1.94 亿吨，累计成交金额 84.92 亿元。我国要在 2060 年实现碳中和。碳交易市场和普通人有何关系？

什么是碳交易市场？碳排放是指在日常工业生产、交通运输等会产生很多温室气体，包括二氧化碳。这些气体排放增多会导致地球温度升高出现环境问题，所以要减少碳排放。我国给碳排放量定了目标，到 2030 年二氧化碳的排放量达到峰值，叫碳达峰；到 2060 年二氧化碳的排放量和吸收量持平，叫碳中和。

具体操作是碳交易，把二氧化碳排放权当作商品进行买卖，需要减排的企业会获得一定的碳排放配额，成功减少排放可以出售多余的配额，超额排放要在碳市场上购买配额。例如，某企业每年碳排放配额为 1 万吨，如果企业通过技术改造，碳排放量减少为 8000 吨，多余的 2000 吨就可在碳市场上出售。其他企业扩大生产，原定碳排放配额不够用，可在市场上购买被出售的额度。

除了这些，有些清洁能源企业的产品能帮助社会减少碳排放，国家会发给他们一个自愿减排凭证，就能免费排放相应额度的碳，这个证也能卖给需要的企业。交易虽然方便但不能自己私下买卖，需要有人监督。这个制定规则、起到监督作用的地方就是碳交易市场。

国际上很早就有碳排放权交易的实践。2005 年 1 月，欧盟启动了世界上第一个温室气体排放配额交易体制。欧洲碳交易占据全球碳交易总额近 90%。现阶段我国进入碳交易市场只有 2000 多家发电行业，一年总交易额约百亿规模。后续还将逐步把石化、化工、建材、钢铁、有色、造纸和民航等 7 大重点能耗行业纳入交易体系，届时全国碳市场市值可能达到 1500 亿元左右，若考虑到碳期货等衍生品交易额，规模可达 6000 亿元左右。

我国建立碳市场的目的是什么？从企业角度看，可促进高耗能企业改进技术，选用环保设备主动降低能耗，也可以让企业在扩大产能、开建新厂时慎重，不能把环保成本甩给社会，购买碳排放额度是投资成本的一部分。

从个人角度来看，都该有机会参与。像个人植树造林、农民种地、普通老百姓自愿放弃开车选择公共交通出行等，都可以参与卖碳增加收入，未来肯定是可以的。

为何现在不行？第一批进入交易市场的是发电企业，因为发电企业排放好核查，特别是火力发电企业。一年发电量多少，使用哪个等级的常规煤，进来多少煤，国家一年给多少排放指标等都一清二楚。一算就知道是否超标，它们是第一批参与上市交易的，未来各行各业慢慢都会进入碳交易市场。

碳交易市场对普通人会有什么影响？

1. 投身碳中和行业。据预测，未来10年碳中和人才需求在100万人以上。碳排放管理员是绿色职业，作为新兴职业有40年的发展周期，碳排放管理员大有可为。

2. 投资碳资产。在股票市场参与拥有核证减排的优质企业，投资者可以与企业共同分享碳中和带来的红利，还可以购买碳中和相关基金。

3. 申请碳汇补贴。碳汇补贴指的是一种交易，对吸收大气中二氧化碳浓度过程给予补贴。如果家里有林地，可以申请碳汇补贴，评估通过后，可生成自愿减排凭证，拿到各大交易所去交易。这里说的林地，最终能否通过评估还有很多要求。

互联网零工经济

互联网零工经济指什么？是通过网络平台打零工的一种新经济模式。例如，一个独立劳动者把碎片化时间拿出来去干一个活儿，可以送快递、外卖，做小视频，电商直播，写网络小说等，这些都是互联网零工经济。

1. 互联网零工经济的特点：

（1）雇主与劳动者不是劳动关系，而是合作关系。原来工作是公司和员工的雇佣模式，现在是平台和个人的合作关系。不是合同制员工，这里有兼职，也有全职。例如，快递业的非劳动关系很普遍，2019 年快递员数量超过 320 万人，有 20% 的快递员没有和企业签订劳动合同。

（2）知识技能型零工经济成为一个热点。互联网零工经济有七大领域：交通出行、共享住宿、外卖服务、网络直播、专业技能服务、内容创作、知识付费和其他领域等。

2. 零工经济为何如此活跃?

（1）互联网从两方面推动零工经济。互联网平台本身就产生大量零工，直播电商、外卖小哥等。互联网与线下经济结合，使得传统制造业、服务业产生大量零工，他们利用互联网来寻找客户。数据显示，90% 的网约车司机为兼职。

（2）提高收入意愿。全职人员选择以零工补充收入。2017 年我国中等收入近 4 亿人，普通家庭的负担不断加重，老人赡养成本、孩子教育成本都在上升，同时做几份工的情况有所增加。

（3）就业观念的改变：年轻人不希望被限制在一个企业，愿意做各种尝试，希望时间更自由。零工吸引越来越多的年轻人，有些人一直靠打零工生存，我国农民工就是典型的零工经济代表。互联网作为联系工作的媒介，给我们介绍实实在在的工作。

有机构预测，到 2036 年中国零工从业者有望超过 4 亿人。打零工是未来趋势，也是一种谋生手段。

数字化浪潮下普通人的机会

最近中国正在申请加入一个群，叫《数字经济伙伴关系协定》，这是全球首份数字经济区域协定，这个工作组目前已正式成立了。如果你经常上网，一定听过“数字经济”“数字化浪潮”这类词。2012—2022 年，我国数字经济规模就已经从 11 万亿元增长到了 45.5 万亿元，翻了 4 倍。在数字技术和智能设备的助力下，新疆 3000 亩棉田只需要两个人就能完成从种到收的过程，让生产效率大幅提升。数字经济是什么？它能给我们带来哪些改变？普通人又该如何参与到数字化浪潮中？

《“十四五”数字经济发展规划》写到，“数字经济是继农业经济和工业经济之后的主要经济形态”。就是说，数字化不是某一种经济分支，而是经济本身，我国的经济正在向“数字化”全面转型。

例如，过去生产衣服是先生产出一批，拿到市场去卖，好卖的就继续生产，不好卖的就停产。近几年电商改变了玩法，先通过大数据收集消费者信息、分析人们的偏好，再定制衣服，既节省了成本，又提升了效率。

近十几年，互联网深刻地改变了我们的生活。在互联网发展上半场，它对市场机会的影响更多是单向的，比如有了网约车就把出租车挤了出去；有了电商就把传统零售商挤了出去。但随着数字经济不断深入，有越来越多的双向影响。比如，随着“车联网”和“智能车技术”发展，一些网约车公司也深入到传统行业，跟车厂合作一起造车了。反过来传统车企也深度学习数字化技术，进入科技行业，发展智能车业务。今后我们会看到越来越多传统行业和科技行业的融合。

如今在经济增速放缓的大背景下，数字经济还保持着 14% 年增速，这对普通人意味着什么？

首先，普通人一定要重视数字资产。它在未来很可能帮你赚到钱。很多朋友一听数字资产就想到比特币，其实更该重视知识产权类型的数字资产。比如，你在动漫公司上班，每天画漫画，你可以把自己画的漫画变成数字产品，上传到一些付费平台供读者下载观看。又如，你是设计师、声乐老师、摄影师或者作家，你可以把自己的作品上传互联网平台去变现，通常有三种类型的收益：一是广告费；二是教学收益，你可以开设相关课程；三是服务收益，在网上宣传自己的作品，接线下订单。总之，有一技之长的朋友尤其该重视自己的数字资产。

其次，对于身处传统行业的朋友，一定要关注数字化的动向。数字化技术作为一项底层技术，就像智能手机一样，它随时可能改造你的行业。经济复苏后，会看到越来越多的“数实融合”（数字技术和实体经济深度融合）。当你还在用传统模式一条腿走路时，人家可能已开始两条腿走路，三条腿支撑了。

如果你是互联网从业者，也可以考虑向传统实体靠拢。产业互联网是未来趋势，你可以带着互联网思维和认知，去帮助实体企业完成数字化转型。对你个人发展来说，同样一个岗位，在一个上升期的行业，远比在一个过渡期或者衰退期的行业更有前途。

对于有兴趣从事数字经济领域的孩子，有一些对口专业可供你参考。例如，跟物联网、大数据、集成电路、人工智能和网络数据安全相关的专业。它们开设时间大多不长，但与经济发展紧密相关，现阶段人才缺口很大、薪资待遇高，有着广阔的发展前景。

未来10年，农村哪些行业有前景

2022年中央一号文件提出要全面推进乡村振兴重点工作，未来政策层面的支持一定不会少，但对于普通人在农村具体从事哪些行业会有前景?

第一个值得关注的行业是快递物流。快递物流一直是农村地区的一块重大短板。在很多偏远农村地区，只有邮政快递，商业性快递无法到达，村民想取快递，可能要骑电动车跑到乡里甚至县里，很浪费时间。快递对于城市居民来说慢一点可能影响不大；但对于农村居民，如果快递不给力，果实熟了摘下来，没几天都烂掉了，他们的辛苦劳作，还有化肥、农药等投入都白费了。所以对于村民来说，快递物流是他们劳动变现的刚需通道。

除了东西要运出去，也有东西要运进来。同城市居民一样，农村居民也有庞大的购物需求，也想买到物美价廉的商品。尽管快递物流行业已开始深入农村，但目前规模还远远不够，随着城际公交的开通、运输系统的健全，未来10年还会有很大发展空间。农村快递物流行业的整合开发，以及规模化运营，将是一块大蛋糕。

作为普通人，你也可以通过实地调研，在合适的地方开个快递门店，把各地寄来的快递物件送到当地居民的手上，这种创业项目投入并不大，不仅可以解决自己的就业问题，还可以招聘员工，帮助更多人就业。当然，除了自己开店，你还可以整合资源，通过跟小卖部、卫生室、村口饭馆合作，设置暂放合作点，好处是让居民取件更方便。

第二个值得关注的行业是农村养老。我国农村有很多空巢老人，他们或是不想麻烦子女，或是过不惯城市生活，选择留在农村。但毕竟年纪大了，在生活起居、做饭、看病等各方面都需要有人照顾。所以未来的农村养老问题，将催生出一个庞大的就业市场。

首先，给一些岁数较大的农村妇女和一些有行动力的农村老人提供了就业机会。他们可以通过简单的护理培训，达到上岗要求。但这只是应急之需，长远来看，还需要更多年轻人加入到这项事业中来。农村养老护理听上去门槛比较低，但真正做好并不容易，除了具备相关知识和技能以外，更需要有足够的耐心与爱心。

如果你是抱着创业的想法，在农村修建“家门口的养老院”也是一种方式。相比在城市建养老院成本会低很多。举例来说，一家位于湖北省黄石市阳新县的小型养老院，由一栋闲置的自住小楼改造而成，由三位年过六旬的老人照料村里那些年龄更长的老人，除了吃、住、护理，白天他们还陪老人打牌、读报，晚上陪老人跳广场舞，一个月费用大概 1500 元。当然，在农村开养老院，收费是根据当地老人的消费能力而定，相较城市的养老院，农村养老院很难标准化运营，它更像是受人信赖的小作坊，可以细水长流。

第三个值得你关注的行业是三农自媒体。如果你经常刷短视频，会发现农村创作者越来越多，从 2021 年起，各大平台都大力扶持三农、响应乡村振兴政策。

农村资源丰富，各地都有自家土特产，但缺少销售渠道，谁能把自家农产品展示得好、展示得真实，谁就有赚钱机会。未来，农村自媒体人将会成为这方面的主力军。将会衍生出大量岗位，比如主播、运营、拍摄、剪辑、文案、客服等。

未来的农村电商就好比 10 年前的淘宝，如果你不想从事短视频和直播带货的相关工作，上游端，你还可以做农产品加工和包装；下游端，你还可以做农废回收，也都有不错的前景。当下就业并不景气，如果你在城里找不到满意的工作，返乡创业也不失为一个不错的选择。

part 6

职场的思考

准点下班还是加班，谁才是好员工

上班族理想的下班生活是这样的：下班准点回家，不会收到任何工作消息，做你自己想做的事。但现实却是，下了班只是换个地点继续工作或者压根儿就不敢早下班。某机构发布的《2021 年轻人下班报告》数据统计：35% 的年轻人从未准点下班，只有 24% 的年轻人每天或经常准点下班。另外，有超七成的“90 后”比领导更早下班。

上班时间做好自己的本职工作，按时完成领导交代的事项，这是每个职场人的责任。下班前做完手头上的事儿以便按时下班这本是很正常的事，但是每天都有众多上班族在“陪领导加班”的问题面前犹豫不决。有时员工和领导一同加班确实是工作的需要，然而也有很多时候员工已经完成了自己的工作，领导在忙的事下属也帮不上忙，这时加班唯一的意义就是陪着领导“磨工时”。

为何会出现陪领导“磨工时”？主要是一些企业管理能力有限，员工工作效率低下，为了保证效益只能延长工作时间。长此以往加班就成了该公司文化，成了员工向领导表忠心、表勤奋的一种方式。这就造成了一个奇怪的现象，员工基本都是被动加班，硬着头皮磨工时。实际情况可能是，领导压根儿也没有工作分配给你，你也没有忙碌到非要加班不可，但领导还没走，整个小组都没走，你也不好意思走。为了在领导面前“刷存在感”，不得不在单位“摸鱼划水”、装模作样。这对员工而言既不能创造价值，也会加深对工作的厌恶感。对公司而言也是一种资源浪费。

反观欧美发达国家，很少会出现加班的情况，正常来说，多数西方人每天的工作时间都在 8 小时左右，有时甚至达不到 8 小时。比如德国，据数据统计，德国职工平均每天工作时长只有 5.2 小时。在欧美公司文化里，公司聘用你是为了让你完成相应任务，而不是买你这一个星期固定的工作时间。所以欧美职场只鼓励高效工作，不严格要求打卡、考勤，更不可以追捧加班。

试想一下，如果加班成为常态，不管是强制还是陪着领导“磨工时”，后果会怎样？

当一个人把更多时间投入在工作中，势必会出现一些问题，比如，工作压力过大导致人长期处于亚健康状态中。据中国保健协会对我国16个百万以上人口城市的居民抽样调查显示，亚健康比例达到70%以上，我国处于亚健康状态人口约达7亿人，还在上升趋势。职场出现内卷，比谁加班的时间更长。此外像浮躁、焦虑，无法静心学习新技能和技术，只想用最快的方式搞钱，过大的压力让年轻人对生活产生了绝望感，他们不愿意结婚，甚至不愿意养育下一代。

我们说，简单粗暴地从工作时间上要求员工，对企业来说得不偿失。人的成功是看他8小时以外的努力。比如硅谷，非常推崇员工下班后继续发明创造。硅谷要求员工要用自己工作时间的20%开发与本职工作完全无关的科技创意。如果该创意过关，企业还将拨付资金加以扶持。谷歌的无人车、环绕地球的Wi-Fi气球计划，都是这20%业余时间发明的产物。如果人的精力和热情都被加班消耗了还怎么创新？没有创新，企业就不会走远。

拒绝无效加班需要多方的努力，谁都希望工作是工作，生活是生活，否则人活着到底为什么，难道真的为工作而生吗？

好在目前各大互联网公司相继取消了“大小周”制度，有的企业正在尝试灵活办公模式，这在某种程度上也可以看作破除“内卷式”加班的尝试，其中一个目的就是为了鼓励员工提高日常工作效率，拒绝无效加班。虽然在短时间内还难以完全动摇长期形成的加班文化，但这也是改变的开始。

面对内卷，该如何破局

近年来，“丧”一度成为部分年轻人表达自身情绪的关键词。2020 年“丧”情绪似乎有了新形式外化，叫“内卷”。内卷，原意是指一种社会或文化模式发展到一定阶段后停滞不前或无法转化为更高级模式的现象，在网络走红后又被演绎新含义，用来代指各行各业内部无意义、非理性的竞争。

1. 教育行业的内卷，体现了家长的急功近利。谁都不希望自家孩子“输在起跑线上”。家长你追我赶在“抢跑”，一味给孩子增压，孩子充满快乐的童年被功利教育劫持，儿童的天真被烙上成人的记号。在普遍的攀比心态下，孩子被各种家教、早教培训班、乱补课压得喘不过气来，没有假期，没有玩耍的权利，像被关在笼子里的小鸟一样没了自由。

2. 商业机构的内卷，是盲目跟风不靠谱。就像互联网教育的烧钱大赛，教育行业经过多年的竞争，利润已被大量摊薄，以烧钱的方式来换取流量，本身就是一种不靠谱行为，很多机构还深陷其中，越发地上瘾。哪天风口一停只会落得泥沙俱下的结局。

3. 公司里的内卷，体现在加班上。比如说，许多大公司其实并不会“强制加班”，因为有加班费，有晚餐补贴，人事管理也会按照上班时长评奖金，有些“小聪明”的员工反正闲着也是闲着，为了加班费干脆天天加班。很多人都这么干，正经工作按时下班的员工反而成异类，被人事警告、领导刁难，克扣工资福利，因为“不够变态而显得格格不入”，只能被淘汰。最后会导致“不加班就不是打工人”。但其实很多人是在上班时间“摸鱼”，本该早早完成的工作非要等到加班来做。企业不仅多付成本，更影响业绩，导致竞争力变差。

为什么会有这种现象？从传统经济学理论的角度来看，可概括为产能过剩和需求有限，大量资源聚集到头部位置，后继者往往没有多少胜出机会。

面对内卷该如何破局？最有效的方式恐怕并不是遵守所谓的资本游戏规则，而是设法跳出圈子看世界，采用差异化竞争方式来避开同质化且无序的竞争游戏，经济上行周期会给很多人上车机会，至于能走多远，除了宏观影响外，也要在自身的核心竞争力上多下功夫，而不是人云亦云，随大溜。

在民企打工，为何大多做不到退休

近年来年轻人都愿意考公务员进入体制内工作，虽然工资不高很多人却趋之若骛。而在民企打工的人工资虽高但位置不稳，不知道哪天被裁员。为何会出现这种逆选择呢？其实不是年轻人不想挣高薪了，而是他们担心被裁员干不到退休。在民企打工为何大多做不到退休？

在民企工作要想干到退休很难，哪怕这家公司是一家顶级公司。这对年轻人来说很“悲催”，谁不担心干着干着就被辞退了呢？我国人均寿命接近 80 岁，退休年龄要延长到 65 岁，无论从哪个角度看，35 ～ 40 岁都是职场人的黄金年龄。可这个年龄却成了职场人的生死线。35 岁真的老了吗？当然不是了。可这两年很多中年人失业了，其中不乏在互联网大厂工作的人。他们才刚刚 40 岁，正是最能干的时候，却被大厂放弃了。

是什么原因导致我国年轻人被大厂辞退，是我国还处在人口红利阶段，还是要就业的年轻人太多？可能主要是我国青年劳动力供过于求，要找工作的人太多，能提供好岗位的公司又太少。互联网大厂裁员潮已印证了这个问题。

公司在辞退员工时考虑什么？35 岁的人要结婚生娃，40 岁的人要供孩子上学、赡养父母。尽管他们能力更强，但他们收入要求也高了，公司宁愿选择聘用能力差一些但学习能力更强、工资更廉价的年轻人。

企业这样做的好处是，降低了成本，扩大了利润。缺点是企业会大量流失专业性和技术性人才。尤其是对于一些金融和科技企业来说，从长期看，公司的专业性和技术性会大打折扣。我国企业的通病是以短期利益为导向。企业担心竞争激烈，所以急功近利，干不出百年老店，他们没有考虑人力资本的重要性。

“80 后”这代人最初的选择都是进国企工作，后来有些人跳槽去了民企，因为民企收入更高。可随着年龄增长，他们中很多人被裁了，不是因为能力差，而是因为公司可以雇到更便宜的年轻人了。而留在体制内的人薪酬提高了，工作更加稳定。从体制内出来到民企的人，收入断崖式下降。倒逼现在年轻人找工作时，不管怎样都愿意到体制内工作，他们不愿冒风险。而体制内的工作就安全了吗？其实未必。

作为个人来讲，如果选择错误则满盘皆输。但作为企业也该考虑到，让中年人干不到退休就下岗，这是对人力资源的巨大浪费。怎么改变这种趋势，这是摆在我们面前的难题。

从另一方面看，为何会出现中年危机呢？如果一个人拿高薪干不出等值的活儿，对公司来讲性价比不合适所以被辞退，而新来的年轻人薪水不高还很努力，对公司更经济。

因此，我对职场人的忠告是，要时刻提高工作能力，给公司多创造价值。如果拿着百万年薪，做不出百万业绩，只能下岗回家。所以，提高工作能力至关重要。当一个人被辞退后别怨天尤人，要从自身找原因，才有可能找到下一份工作。

一个企业做大做强重要的是留住人才，留住中高端人才。如果让人看不到民企的未来，优秀人才就不会流向民企，不会流向创造财富的领域。让年轻人对努力奋斗没了兴趣，都想寻找安稳的避风港，这是社会退步的表现。

怎样让职场人可以放心无忧地做到退休，让人放心待在民企里，而不是一窝蜂地跑到体制内，这是值得考虑的现实问题。

做一辈子“房奴”值得吗

中国人对房子一直有很深的执念，把买房列为家里开支的头等大事。目前24岁到39岁的群体已成为贷款买房的主力军。调研报告显示，超八成买房者需贷款，贷款买房后变成还贷款的“房奴”。为买房做一辈子“房奴”值得吗？

在回答这个问题前，先要问自己有没有资格买房？以北京为例，非京籍外地人要在北京买房需有北京市工作居住证，或者连续缴纳5年的社保或个税。

人们之所以钟情于购买房子，首先是因为房子能给人一种归属感。租房是消费，而买房是投资。买房要承担首付和还贷压力，在还完贷款后房子就拥有了房屋产权。而租房会面临房东收回房子，没有归属感。其次，房子还和孩子落户挂钩，父母为了让子女赢在起跑线，愿意选择在学校周围买房落户。

假若你真想做一辈子“房奴”，银行也不答应。最多给你30年还贷时间。但也有人觉得做“房奴”不值得，就目前而言，任何一个城市的房价都要本地平均工资工作二三十年才能买到，对青年人来说，这一生就困在房子上了，看不到什么希望，造成很多年轻人失望。

建议年轻人不要放弃希望，先努力工作。其实租房住也是一种生活方式，国外年轻人都是租房住。虽然国人偏爱买房，但在日常生活中，我国租房人群的比例是很高的。因为并不是人人都能买得起房，很多人是为了生活需求选择租房来过渡。现在我国在逐渐推行租购同权，鼓励租赁消费，稳定租赁关系，赋予租房者更多的权利，如此发展5～10年后，你还愿意继续选择买房做“房奴”吗？

贷款买房，丢了工作怎么办

前不久看到一篇文章，一个男士请同学喝酒，喝着喝着男同学哭了起来，一问才知道，他买房还不上房贷了，自己被辞退了，跑网约车收入微薄，不够家庭开销，夫妻俩经常吵架。

贷款买房而工作被辞还不上房贷，还有一家老小开支，这些人被生活压得喘不过气来。有谁知道疫情会暴发，自己会下岗？现在年轻人面临的困难比上一代人要难得多。

“50 后”和“60 后”很少尝过按揭买房还款的滋味。年轻人贷款买房，还款日就像过难关一样，一睁眼就想着欠银行的房贷怎么还上。只能节衣缩食，压力特别大。

很多贷款买房一族，贷款买房时工资收入高，每月还一两万元贷款没问题，现在工作没了，再找一份工作赚钱很少。比如原来年薪 50 万元，现在年薪 10 万元，就还不上房贷了。没了房一家人住哪儿？应验了那句话：时代的一粒尘埃，落到每一人身上就是一座山。

当不可测风险来临时，一个大浪打来掀翻了船，这不仅是一个人的问题，很可能是一家人的问题。为何“50后”和“60后”不敢贷款买房置业？因为过去穷怕了。我国从小农社会走来，上一代人从农村种地变成到工厂打工，刚刚积攒了一点钱，担心生了病怎么办，孩子学费怎么办？他们不敢花钱，更不敢借钱。

年轻人赶上了好时代，工作稳定收入又高，买房贷款都很正常，只要银行放贷，他们能贷多少就贷多少，根本没有想到有一天会还不上房贷。天有不测风云，人有旦夕祸福。现在是既有天灾又有企业裁员，眼下面临房贷难题的人不在少数。

谁来救他们？只能靠自救了。

这事儿其他国家也发生过。美国2007年房地产泡沫破了，有很多人的房子归银行，变成了负资产。为何欧洲和日本是负利率，年轻人都不敢贷款买房呢？他们担心贷款买房时零利率，不需要还银行利息，但通胀来了利率升高，还款负担重了，没钱还月供，房子归银行。这就是国外大多数人都租房住而不敢买房的原因所在。

但“居者有其屋”是我国千百年来亘古不变的信念。过去在农村结婚要盖三间大瓦房，现在年轻人进城，大学毕业在城里有了工作，两人工资不少，可以攒上买房的首付钱了，但没有想到不确定性风险——如果丢了工作就还不上房贷了。

以下四点启示仅供参考：

1. 买房贷款要谨慎，要预留出能还上两年房贷的钱。

2. 买房不要非买大房子，大房子的物业、装修、暖气费都很贵，选择面积小一点的房子还款压力小。

3. 没买房的人，如果想买房一定要考虑还款能力，要量入为出。

4. 如果没有足够的抗风险能力，租房也是一种好选择。国外年轻人都选择租房住，他们生活得相对轻松。

希望有房贷又不幸丢了工作的人，别抱怨，别气馁，办法总比困难多，生活还要继续。先找一份工作干起来，如果实在还不上月供，卖掉房子也是一种选择。年轻人别被眼前困难所吓倒，在逆境中爬起来做生活的强者，站起来努力工作，改善自身的经济状况。想想看，谁的人生会是一帆风顺的呢?

如何培养理财思维

很多年轻人对理财一知半解。如何培养理财思维？理财是有计划地管理你的财产，让你的物质利益最大化。实现这个目标要学会三件事：懂得积累钱、善于规划钱、学习增加钱。

第一件事，懂得积累钱。首先增强赚钱能力，提升收入。如果你是在校学生，收入来源是被动收入，即父母给的生活费；如果你工作了，有了主动收入和额外收入——不管哪个阶段，你都要树立理财思维：重视复利，积少成多。

爱因斯坦说："复利是全世界第八大奇迹。"什么是复利效应？一个池塘里的荷花，第一天开一朵，第二天开两朵，第三天开三朵……到第三十天开满整个池塘，开满半个池塘是第几天呢？很多人认为是第十五天，其实不然，是最接近尾声的第二十九天。从开满半个池塘，到开满整个池塘，只需要一天时间。这就是“荷花定律”，也是经济学上的复利密码。

复利思维强调的是坚持，理财要从小钱做起，积少成多，相信一颗种子终将长成参天大树。其次要控制自己的消费支出，赚钱是一方面，但支出超过收入，收入再高也无济于事。改变消费习惯，保持量入为出很重要。最后是避免不必要的损失。比如：被人骗了，借给别人钱不还了等这类财产损失；为了省钱一天就吃一顿饭，最后身体垮了这类身体损失；还有通货膨胀的被动损失。要积累钱，需要增强你的赚钱能力，改变你的消费习惯，提高你的风险意识。

第二件事，善于规划钱。你要去做的是，对钱做分配和计划，学会资产配置，达到个人利益最大化。可以参考标准普尔家庭资产象限图，将日常资金划分为四个象限：要花的钱占比10%，保命的钱占比20%，生钱的钱占比30%，保值增值的钱占比40%。

在实际执行中，要选择适合自己的。经济学上有个概念叫机会成本，即鱼和熊掌不能兼得，要学会放弃。理财没有好与不好，只有合适与否，在陌生的领域保持谨小慎微，做好资产配置给自己攒一个底，别人的方案再好也是别人的，不可能一模一样地复制。普通人的投资理财，还是先保护好自己的财富。

第三件事，学习增加钱。也就是如何增加自己的财富。个人有三种商业模式：

第一种，一份时间出售一次是最普遍基本的。比如职场人出售自己的时间换取金钱。第二种，同一份时间出售很多次。可以做知识付费课程和直播等，一次付出多人受益买单。第三种，购买他人的时间再卖出去。对于创业者来说，花钱购买职员的时间，做出产品再想办法卖出去。对于投资人来说，花钱购买创业者的时间，分享创业者的时间红利。

不管你选择哪种模式，都要赚自己认知范围内的钱，否则靠运气赚来的钱，迟早会因实力赔光的。

10 年内年入百万可能吗

近期有媒体对“00 后”职场新人做了调查，得出的结论出人意料。近 70% 的“00 后”认为，工作 10 年后能达到年入百万水平。

调查显示，目前我国人均月收入在 1 万元以下者占比 97.8%。全国年收入超百万的人大约只有 70 万人，占整个中国人口的万分之五。按照“00 后”大学生预期，10 年内年入百万来算，月入至少 8.3 万元。就是超高薪阶层（月收入 3.7 万元以上），奔着富豪阶层去了。不是说不可能，但这得有极强的能力才行。

为何“00 后”大学生这么敢想？

一是因为“00 后”大学生家庭条件一般都不差，而且家长对孩子特别疼爱，物质上尽量满足孩子的需求。再加上他们还未踏入社会，对社会了解不足，对挣钱预期过于理想化。

二是因为媒体及影视剧对“00后”大学生的就业观和价值观造成很大扭曲，特别是互联网盛行一夜暴富的故事。这让大学生觉得赚钱很容易，殊不知这只是个别案例。某媒体平台统计，部分豪车，比如法拉利“炫富”笔记超过2万篇，实际上法拉利近5年在中国只卖了3000多辆。

对于不是“富二代”的朋友，想要年薪百万，前提是你得有一个年薪百万的工作。2021年中国新增1400万劳动力，其中大学生909万，非大学生500万。也就是说走在大街上看到三个找工作的，可能其中两个都是大学生。现在大学生“学历通胀”超乎想象。找一般工作已竞争惨烈，找到年薪百万的工作更是难上加难。

但我们依然没有理由嘲笑年轻人。年轻人有梦想，哪怕只是空望，这是相信中国经济有未来的底气。开头那份调查还发现，除了近七成“00后”相信自己年薪百万，而且七成的“00后”真的非常努力。他们嘴上无所谓却偷偷努力。总之，期望是期望，自信归自信。“00后”大学生毕业后，最终会接受社会的磨炼和考验。年薪百万梦能否实现要看个人的选择和能力，规划好未来的方向，脚踏实地地成长，不要总想着不现实的“一步登天”。把自身能力打造好，不断增强自身价值，自然就会“水到渠成”。

你是“新穷人”吗

提到穷人，给人的第一印象是一无所有，连吃饱饭都成问题。但近年来出现了一类“新穷人”。新穷人是指城里年轻白领的自我身份定位。从进账上看，他们收入不菲甚至月入几万，工作在高档写字楼，外表光鲜亮丽，开着十几万甚至几十万元的汽车，住着精心装修的房子。但从存款上看，他们却是名副其实的穷人，有些人靠信用卡借贷维持生活，这是为何呢?

新穷人说他们也不想这样，只是被逼无奈。现在很多年轻人结婚“有房、有车、有存款”成为硬性条件，但买房买车的压力让不少普通人背负大量债务。就拿房子来说，近年来不断上涨的高房价耗尽了购房者全家的积蓄。我国有 2 亿家庭贷款买房，有 4 亿人还房贷。有人月收入 1 万元左右，但每月各种贷款的“固定开支”就能达到几千元，最后剩下的钱还要过日子，有家庭的人还要计划孝敬老人和抚养孩子的钱，面临物价不断上涨、工资却没怎么涨的局面。20 年前收入虽不高，但物价也很低，现在收入有所提升，但物价却不断上行。过去吃午餐只要十几元，现在至少 20 元，这让很多人为生活而疲于奔命。

还有一部分“新穷人”是为了塑造所谓的身份感而被迫沦为“穷人”。其实新穷人大都有一定的经济基础，这使他们有能力摆脱底层生活；而另一方面，他们又缺少足够的资源过上更优质的生活。处在中间地带，出于虚荣心进行非理性消费，能买吸尘器就不用扫帚了，100 元钱一张的面膜用起来也不心疼，一有健身冲动就非得去办张年卡……总之，这部分人的朋友圈永远光鲜亮丽，但口袋却空空如也。2021 年有一个“90 后”女护士，月薪 8000 元左右，但她追求的是精致生活：看到美食推荐就去吃、喜欢的东西就去买、想去的地方马上订机票出发。结果几年下来积累了几十万元的债务，最后被母亲赶出了家门。

所以城市新穷人的出现，一部分与生活成本提高有关，还有一部分是想塑造所谓的身份感。这个群体如何减轻负债压力，真正提升生活质量呢？

首先，还是要通过自身努力获得晋升或提高知识技能等增加收入。其次，也是很重要的一点是，除去日常所需外要合理规划每个月的消费，试着去做自己的理财师，把自己的财务进行合理规划。比如，你真想买一个喜欢已久的包包，可以通过理财收益去购买，这样不仅保证了自己的储蓄，还额外获得了一件自己喜欢的用品，两全其美。

收入一万和一千的差距

你的收入跑赢了多少人？如果月入1000元，你在全国大概跑赢了6亿人；如果你月薪过万，你的薪水跑赢了全国99%的人。但还有个数据很多人不知道，我国10%的富人和10%的穷人收入差距在20倍左右；而在1978年，这个数字还只有5.5倍。结论是从一个较长时间轴来看，我国的贫富差距在逐渐拉大。

拉大的原因有很多，如城市化的推进，房地产、金融、互联网崛起等。但一个核心逻辑是，这个阶段是“先富带后富”，回头看先富带后富只是手段，共同富裕才是百年大目标。

共同富裕不是劫富济贫，也不是平均主义。有一点可以确定，在共同富裕下未来的贫富差距长远看一定会慢慢缩小，现在的贫富差距主要体现在以下几个方面：

一是城乡差距。2021 年城市居民人均可支配收入是农村居民的 2.64 倍，单看这个数字并不悬殊，但重点是，城乡居民的财产性收入相差了 10 倍以上。也就是说，农村居民打工挣的钱并不比城市居民低多少，但他们不像城市居民那样有基金、有股票，更不会玩币，各种理财产品都离他们太远。

更重要的是房地产。国人 70% 的财富都压在房地产里，城市房价飞涨客观上拉开了城乡收入差距。不少城市居民靠着收房租每月也能有一笔不菲的收入。未来农村居民的财产性收入如何提升，将是一个长期努力的方向。

二是城市居民之间的收入差距。首先是工资收入。过去同样做销售，有人月入三千，有人年入百万，因为后者在房地产行业做销售；同样做公关，有人在互联网大厂，有人在传统家电企业，待遇天壤之别。由于我国行业发展不均，像金融、房地产、互联网、文娱等行业走在了时代前列，导致一些行业很挣钱，另一些行业却长期遇冷。

近两年有一系列政策出台，互联网反垄断、遏制房价上涨、限制大厂工作时长、限制明星高片酬等。这些底层逻辑是在缩小行业间的贫富差距，平衡居民间的收入差距。

城市居民间的收入差距不光体现在工资上，财产性收入也不容忽视。我们身边一部分人率先完成了财富的原始积累，通过资产配置不断获取被动收入；更多人则是努力大半辈子，把仅存的钱拿去还了房贷。过去房地产是一个大蓄水池，银行把大量居民存款都灌了进去，那些大大小小的企业却遭到了冷落。但随着房地产时代谢幕，未来更多资金将从银行流出，慢慢流入股市、债市，进而去哺育企业。

但这条路还很漫长，希望我国的资本市场能健康有序地成长，最终提升每一个人的财产性收入。

月薪一万八，值得羡慕吗

你愿意接受一份月薪一万八但无意义的工作吗？不久前，一位网友用自己的亲身经历提出了这样一则灵魂拷问。这位网友在一家外资企业做助理，月薪一万八，但每天的工作内容不过是帮老板约会议、插花、订餐、处理快递，他感觉这样下去自己快要“废”了。

关于“你能接受月薪一万八但无意义的工作吗”，这个话题引起了网友的讨论。有网友说：“月薪一万八本身就是意义”；还有网友说：“辞职让我来，地址在哪里？联系方式是什么？”当然也有少部分网友并不羡慕，他们更担心被无意义的工作所消耗。

一边是高薪一边是成长，这就是经济学所研究的“选择”。关于职业的选择，如果按不同收入节奏，可把职业分为三种类型。

第一类姑且叫“青春饭型”，特点是年轻时收入很高，随着年龄增长，收入会越来越低，甚至被年轻人淘汰。比如导游、明星、模特、秘书、空乘、运动员、程序员等。

第二类可以叫“细水长流型”，特点是收入下限比较高，但上限不高，赚不了大钱，但收入平稳、细水长流，常见职业有公务员、事业编制、技工、司机等。

第三类可以叫“越老越吃香型”，特点是年轻时收入较低，甚至入不敷出，随着年龄增长，收入会越来越高。比如医生、律师、教授、会计、作家、咨询师、品牌营销、人力相关职业等。它们都需要漫长的职业积累，才可能厚积薄发。

以上是三种不同类型的收入节奏，并没有优劣之分。有的人喜欢先赚钱先花，追求即时满足；而有的人则更倾向后赚钱后花，追求延迟满足；还有的人，则是希望一直都有平稳的收入。每种选择都有自己的优势，也都有相应的代价。

就拿一开始提到的助理工作来说，尽管月薪一万八，符合即时满足，但代价是，工作没有太多意义，没有成长空间，从而牺牲了长远的收入。站在经营人生的角度来讲，我们追求的不是某一刻的收入最大化，也不是某个阶段的收入最大化，而是整个人生的收入最大化，所以我们要统筹规划自己的人生。

如果你现在选择了一份“青春饭”类型的职业，那么你就不能只盯着当下的收入，而是要全盘考虑，居安思危。

一方面，在领取高薪的同时，试着去打造自己的核心竞争力，如果工作中机会不多，也要在工作之余投资自己，让自己变得更值钱，这样才能有持续的竞争力。毕竟，总有人比你更年轻，切记不要把“年轻”作为你唯一的竞争力。

另一方面，既然选择了“青春饭”这种收入节奏，就要做好未来收入降低的准备，不要乱花钱，要养成存钱理财的习惯。当你每月挣一万八的时候你可以花掉一万多，如果有天你只能每月挣八千，你还能这样花吗？

在此我想表达两点：第一，职业分很多种，不同职业有不同的收入节奏，选择适合自己的才是最好的，不用因为月薪高就羡慕。第二，当你选择了某种收入节奏的职业后，你就要想清它对应的代价。然后分别从收入和支出两块入手，把代价尽可能降低。

如何选择就业

就业是一件高度个性化的事情，该考虑什么，提出几点可供参考：

第一，考虑行业人才缺口。人才缺口大的行业代表着未来发展趋势，由于人才的供不应求，薪资待遇也比较可观。例如，随着我国老龄人口增多，养老服务业正在壮大，就拿被国家点名的“老年人能力评估师”来说，该职业的人才需求现阶段已过百万，但从业人员尚不足10万。很多养老机构、体检中心、健康管理公司等都需要老年人能力评估师。现在，这份职业在一线城市的月薪将近一万元，二三线城市月薪也有五六千元。另外像双碳行业、高端智能制造、职业技能培训、家政、医美、宠物等，也都有较大的人才缺口。

第二，考虑比较优势。比较优势是指在你众多擅长的技能中最能给你带来收益的那一项。它并不代表你要在某个领域绝对拔尖，假如你的厨艺有 80 分水平，就可以考虑做一名厨师。尽管也有一些人厨艺能达到 90 分以上，但那毕竟是少数，他们基本都去大饭店了，你 80 分的厨艺可以去小饭店做名厨师了。同理，像摄影、文案、设计、财务等工作，你觉得自己有七八十分水平就可以去尝试了，不断地在干中学，把技能提升到 90 分。

第三，考虑机会成本。所有选择都有机会成本，假如你选择了一份稳定的职业，比如考公务员，好处是当下收入较稳定、生活压力较小，但机会成本是放弃了赚钱的机会，也放弃了一些去社会上长见识、丰富人生阅历的机会。假如你选择了灵活就业，好处是时间相对自由，能拿到一份即时回报，但机会成本是，你放弃了部分劳动者权益，放弃了稳定的现金流，还可能放弃规律的作息。如果你选择去私企上班，好处是工作能力提升较快、有机会结识一些人脉。但机会成本是，你会放弃一部分安稳性，因为你需要不断顺应公司战略调整自己的工作内容，且私企竞争激烈，还时常有被裁员的风险。其实任何职业选择背后都有机会成本，你要想清楚，放弃哪些机会成本是自己可以接受的。

第四，考虑“兴趣”。兴趣永远是最好的老师，如果你对某个行业或职业特别有兴趣，愿意去研究，甚至愿意为这份职业献身，那其他的几项都可以让步，你就应该去选择。人生难得有份痴迷，兴趣带来的坚持一定是最长久的。有一句话说得特别好：能把一份工作做到 80 分，可能是为了金钱，把一份工作做到 100 分，一定与金钱无关。

当然，除了找工作也有人打算考研，研究生目前有缩招的趋势，但是否选择考研，主要是看你自己的目标。如果你想从事的工作对学历要求高，要求理论知识比较多，可以去考，将来会更有竞争力；但如果不是，你也可以先找份工作试试，在工作中学习，如果跟预期不符，再考研也不迟。除了从工作角度考虑，读研究生也是一个开阔视野、自我沉淀的过程，会是一段珍贵的人生经历。以上的建议仅供你参考，祝愿你能找到满意的工作。

上班族如何选副业

经历疫情和裁员，有人破产有人失业，有人在温饱线上徘徊。不过也有一小部分人早早布局了副业，在这波寒潮中受影响很小。上班族该如何开始自己的副业呢?

在考虑做副业之前，要知道何为副业？副业能够为我们分担经济风险，但不是所有的人都适合做副业。如果你刚入职场不久，你要先把精力放在工作上，别急着去干副业。因为你没有职业竞争力，如果分散精力去搞副业不一定能成功，还会影响主业发展。如果你在主业上得心应手，有话语权和支配权，但这份工作收入并不高，缺少成就感和价值感，这时你可以尝试副业，为未来转型做准备。

如何做好副业?

首先，选择自己擅长的领域。大部分人的优势都和自己的工作或专业相关，比如写作、教育培训、营销知识分享、女性美妆选品知识分享等，你要尽量选择自己熟悉且容易上手的活儿，尽量避免投入时间和精力过多，而且回报周期长的副业。

其次，选择成长型副业。经济学上把投资分为长线投资和短线投资，做长线投资是用时间换取财富的递增，但只有选择发展潜力大、技术进步、市场不断拓展的企业的股票才能在预期时间里获利。副业也是如此，应选择成长型副业。例如，做老师的可以学习心理学方面的知识，如果可以，可尝试给学生做公益性质的心理咨询，渐渐往心理咨询方向发展。教育学和心理学是相辅相成的，掌握了心理学，更能促进主业的发展，随着积累日后还能发展成为副业，可谓一举两得。

最后，不要贪多求快。要先紧盯一个方向打开突破口，不要一上来就做得很多，做得越多，你会感到越累，同时赚钱也会越慢，因为你的精力被多个项目打散了。有句话说得好：你把时间放在哪儿，你的成就就在哪儿。你要把有限的时间聚焦在某一点上，才能迸发出最强的力量。

总的来说，能靠知识变现的靠知识，不能靠知识的找到一个适合自己的商业模式，在副业没有赚到钱之前，最为重要的还是要做好主业。但无论是哪种副业，核心要点是，要坚持去做不要放弃，开始时慢，后面你的收入就会越来越多，人生走到最后拼的不是运气，而是毅力。

毕业生薪资出炉，释放三大信号

近日，本科毕业生平均起薪 5825 元，硕士起薪 1.01 万元的数据冲上热搜。分析数据释放了三大信号，给求职人提供一些帮助。这组数据来自某大学课题组，他们自 2021 年 6 月起对高校毕业生进行问卷调查持续数月。样本包括东、中、西部地区 19 个省份的 34 所高校，样本量超过 2 万人，数据的可靠性没问题。

第一，不同群体的薪资差异。数据显示，按学历高低来看，2021 年月起薪平均数，博士 1.48 万元、硕士 1 万元、本科 5825 元、专科 3910 元。硕士毕业生的起薪是本科的 1.7 倍，是专科的 2.58 倍。按学校类型看，一流大学毕业生月起薪平均为 1.08 万元；普通高校为 6043 元，只相当于一流大学的 56%。

可见这两年考研热是有原因的。

第二，就业的城乡地域差异。选择省会或直辖市就业的有55%，地级市占比27%，县城和乡镇、农村总占比18%。省会和直辖市具备地理优势、科技优势，吸引过半的毕业生可以理解，但县城和乡村的就业潜力被低估了。

从人口角度来看，目前我国有1.6亿县城人口和5.56亿乡村人口，占全国总人口的49.6%；从经济发展的角度来看，随着新型城镇化建设的推进，我国县域经济已得到极大发展，2020年全国有38个“千亿县”，GDP总量达5.7万亿元。县域经济对乡村的带动作用明显，未来乡村人口会进一步向县城聚集，具备成本优势、劳动力优势的县城会持续承接大城市的产业转移，有人口，有产业，何愁经济前景和就业机会呢？如果你在大城市求职碰壁，或者负担不起大城市的高房价，不妨回头看看，县城里也许有好机会。

第三，行业间的差异。最吸纳就业人数的前五大行业是：教育、制造业、IT、金融、科研和技术服务。与2019年相比，制造业由第三上升至第二，占比提高2.6%，这与国家回归制造业的政策相一致；IT业由第二下降至第三，这与互联网反垄断脱不开关系；科研和技术服务业取代建筑业排在第五，这是因为坚持房住不炒，压制了建筑业，而且我国一直在科研领域保持高投入。

过去制造业方面的工作给人留下的印象是做流水线工人，又累又不赚钱。所以学历低的年轻人宁肯送外卖也不进工厂，学历高的则对金融、互联网趋之若鹜，导致制造业用工荒——相关部门发布的 2021 年最缺工的 100 个职业中有 58 个属于制造业。实际上，随着机械化、自动化的普及，现在制造业岗位已不像过去那样辛苦了，而且收入并不低。2020 年制造业的平均年薪是 8.3 万元，比之前城镇私营单位平均年薪高出 2.5 万元；如果是技术含量更高的细分领域，比如装备制造业，平均年薪已经超过了 10 万元，快要比肩 IT 业了。所以不要再戴有色眼镜去看制造业了，在国家回归制造业和实体经济的大背景下，这一领域会有大机遇。

从学历来看，考研或者读博确实会带来更高的收入，但也要保持理性，看是否适合自己；从地域来看，毕业生过于关注大城市，县城的机会被忽略；从行业来看，制造业和科研与技术服务业在上升，这是与国家大政策方针相匹配的行业，蕴含着机遇。

part 7

就业形势的变化

大学毕业如何应对就业压力

2022 年大学毕业生的就业率不够高，这届毕业生该怎么办？

2022 年过半时，消费和经营形势就不容乐观。截至 6 月底很多公司倒闭，另一边，2022 年高校毕业生首次过千万，恰逢气温最高的三伏天，当他们走出校门准备找工作时，发现老板没了。因此 2022 年考研、考公异常火爆，考公人数一举突破 200 万人，考研人数也高达 400 多万人。

如果细看，市场上的工作其实并不少。2022 年政府工作报告指出，2022 年新增城镇就业人数在 1100 万人以上。按理说正好能匹配 2022 年毕业生的数量。但现实是这些工作大多毕业生都不愿意去，比如商品营销员、家政服务员、车工、包装工、客服、保安、快递员等。

一方面是大学生嫌这些职业的薪资不够高。据统计，2022届毕业生期望薪资为6295元，而大多职业达不到这个数字。另一方面，他们觉得堂堂大学生上了这么多年学，不能接受技术含量太低的工作。据2021年某招聘网站统计，大学生最想去的行业依次是：互联网、房地产、文娱和金融。但现实是，互联网和房地产的日子都不好过，并且从2021年以来已屡次爆出大裁员。所以摆在眼前的一边是大学生过高的求职期望，一边是赤裸裸的现实，这个问题该如何解决呢？

从社会角度来看，提高人才和产业的匹配度一定是长远的趋势，比如双轨制教育、产教融合等都是铺垫，但也需要时间。对于个人要有清醒的认知。当下就业难，既有周期性原因，也有经济转型下的结构性原因。在这种大环境下，你可能要优先考虑就业，而不是择业。

从现实的角度来说，大学生毕业后，衣食住行等生活成本都会提高。没有了物美价廉的食堂饭菜，生活的预算得增加了；如果租房，还得一次付“押一付三”的四个月房租；另外从学校踏入社会，还得买两件职业化的衣服，用了几年的笔记本电脑可能也得换新等。以上这些对于刚毕业的大学生而言都是不小的开支。

如果你是普通家庭的孩子，建议当下先找份工作做着，在薪资上适当降低期望，不要攀比，别给家里添负担，先养活自己再说，毕竟家人赚钱也不容易。

如果你的简历总是石沉大海，尽可能动用你的社交网络，比如向亲戚朋友、师兄师姐问询，请他们帮你内推工作，会比自己投简历效率更高。

对于刚毕业的大学生，不必太在意工作的技术含量有多高。凡是工作都有很多共性，只要你工作，都会学到很多学校里学不到的知识，会带给你心智上的成长。很多时候，凭自己空想并不知道自己喜欢什么、擅长什么，得在工作中去自我探索和发现。即便你干一段时间后觉得不喜欢，再换工作也不迟。

当你手里有了一定积蓄，才会有更多的腾挪空间，供你慢慢选择事业方向，而不是目光短浅、急功近利。从经济学角度讲，着急会付出更多成本，耐心会带来更多收益。在找工作这件事上，“用时间换空间”是经济划算的。

对于想考研和考公的毕业生，也需要考虑好当中的时间成本，准备考公最少需要半年，考研则需要一年；也要考虑好你的机会成本，也就是在别的领域赚钱和成长的机会。如果你想摊匀考不上的风险，也可以一边备考一边灵活就业，维持现金流养活自己的同时，搏一个新的台阶。

如何看“‘00 后’整顿职场”

2022 年夏天，第一批“00 后”就要正式迈入职场了。网上有个段子说不同年代的人是怎么看待辞职的：“70 后”的态度是“为什么要辞职”；“80 后”认为“收入不高我就辞职”；“90 后”认为“领导骂我就辞职”；“95 后”觉得“工作不爽我就辞职”；“00 后”则是“领导不听话我就辞职”。

可以说“00 后”是幸福的一代，他们的父母大多是“70 后”“80 后”，通过数年的奋斗多数都有了房子，有的甚至给子女准备好了住房；“00 后”从小不愁吃喝，享受到了发达的科技和良好的教育。正因在温室里长大，所以当他们步入职场难免给人以刻板印象。比如，“00 后”娇生惯养不肯吃苦、不愿加班，一言不合就辞职、再不合就搬出《劳动法》等。因此最近也流行起来一种说法叫“‘00 后’整顿职场”。该怎么看待这种现象呢？

在说“00后”之前，先说一说“70后”“80后”“90后”的工作观。

“70后”的成长见证了祖国建设的开端，继承前辈们吃苦耐劳的精神，工作上任劳任怨、服从性高。不经历风雨怎么见彩虹，这是他们的工作观。

改革开放时期，“80后”应运而生。他们是承上启下的一代。在计划经济向市场经济转型的背景下，“80后”的学习意识强，有上进心，渴望通过工作创造价值是“80后”的工作观。

“90后”是自信的一代，对他们影响最大的要数互联网的崛起。从小听着互联网造富神话长大的他们，多数是独生子女，集万般宠爱于一身，在他们眼里闪耀着自信的光芒。工作只是暂时的，有机会一定要自己创业，这是很多“90后”的工作观。

“00后”的成长环境优渥且多元化。早早接触互联网的他们从小就见多识广、心态包容。他们对财富的追求不如前辈那般强烈，更注重工作与生活的平衡。在职场上他们可以接受一份不那么高的薪水，但会比较在意工作的体验感和情绪价值。

在这种心态下，传统职场环境和他们的价值观就发生了激烈碰撞，他们会认为，该我做的活儿我会做好，但拒绝不合理加班以及“画大饼”。并且因为生活压力较小、选择成本低，他们对无故加班、拖欠工资、职场歧视等现象丝毫不忍让，会力争自己的合法权益，这一来也就有了“‘00后’整顿职场”的说法。

对于“‘00后’整顿职场”很多人内心都是羡慕的。羡慕他们年轻，羡慕他们有坚实的后盾，不用背负生活的重担，羡慕他们有说走就走的底气。再转头看看自己，上有老，下有小，每月还得还车贷、房贷，很多时候在职场上受了委屈万般不爽也只能忍气吞声，默默消化。

从社会角度来说，“‘00后’整顿职场”并非一件坏事，它其实让资本与劳动力的交易变得更公平了。劳动力也是一种商品，该合理定价公平交易，拿5000元的工资通过不合规的手段让员工干8000元的活儿，这种风气不该纵容。现在因为“‘00后’整顿职场”的行为，说不定能倒逼制度完善，净化职场环境，最终让“70后”“80后”“90后”也能搭便车受益。

另一方面对于企业来说，也要主动调整，与其指责或抱怨“00后”，不如主动适应“00后”。“00后”规则意识强并不代表“00后”不上进。他们也有极强的学习能力和创造力，也渴望进步。企业不能一味采用老式的管理方法，相比一些感情牌，多给一些现实利益，才是对劳动者最大的尊重。

最后说回“00后”，青春总是短暂的，年轻时大可以尽情探索，工作不爽可以任性辞职。但年纪越大，社会对你的容忍度就越低，你要考虑的现实问题也越来越多，父母会老去你也会成家，也会面临“上有老、下有小”的局面。现在父母替你的“任性”来买单，将来你可能也要替你孩子的“任性”来买单。所以对于“00后”，要趁年轻多学习和积累，没有百分之百完美的职场，有时也需要你在“受委屈”和“求进步”之间找平衡，在短期利益和长远利益之间做抉择，学会接纳矛盾，在矛盾下前进，才是一个人修行的开始。

怎样求职找工作

现在年轻人对就业观念不再局限于朝九晚五，而愿意选择更加多元化的就业方式。在就业和跳槽时该考虑什么呢？以下几点建议供你参考：

一、要合理预估你想选择的这份工作和你所处行业的整体行情，以及你要求岗位的市场行情，不同年限的市场待遇区间。把情况了然于胸，而不是去撞大运。

二、要查看不同招聘网站上相同岗位的任职要求及薪酬待遇，对比你自身的软硬件实力、各项实际情况做出自身价值评估。这一点很重要，你要做到知己知彼。

三、可以带着自己的期望月薪去同行业的企业中求职面试，通过和面试人员的沟通，合理调整自己的目标薪资。

四、要关注自身教育背景、相关等级证书、工作经历中有无加分项，如果有的话，你就可以在面试时提升自己的议价权，可以适当要求高于市场价的薪酬待遇。

五、当你的面试结果超乎寻常，能够获得高于自身价值翻倍的薪水时，你切勿盲目自信，你要正确评估自身能力能否胜任这份工作，要防止被公司辞退。要知道高薪工作要有一定的工作能力。你要客观评估自身价值，才有利于更好地寻求到相匹配的岗位。

很多毕业生在找工作时好高骛远，眼高手低，抱有不切实际的幻想。想得到一份高薪工作，还不想付出太多，这样的工作几乎不存在。你的薪水一定是和你的能力相匹配的。别太看重第一份工作的薪水高低，重要的是看这份工作能让你学到什么，会增加你的技能吗？会有学习的机会吗？会增加你的无形资产吗？有发展前景吗？希望正在求职的大学生正确看待自己，正确看待工作，才能做出适合自己的选择。适合自己的才是最好的，千万别让选择性失业追上你。

找工作，你最在意什么

现在就业主要分三大类：第一类是属于“稳定类”，比如考公务员、事业编、进国企、央企等。第二类属于“灵活就业”，比如跑滴滴、送外卖、酒吧歌手、小时工、自由撰稿人等。第三类是去民企、私企等。

该怎么选择自己的职业？任何选择背后都有机会成本。所谓机会成本，就是你做一件事所放弃的最大代价。如果这个最大代价你能承受，那这件事就去做；如果不能，就建议别做。

比如你现在选择考公务员吧，你的收益是如果考上了，工作和收入都会比较稳定，生活压力较小，福利待遇较好。

机会成本是什么呢？你因此放弃了去大市场闯荡的机会、放弃了去私企历练的机会、放弃了创业当老板的机会、放弃了获取更高收入的机会。以上这些既有人生经历的代价，也有钱财的代价，如果你觉得这些机会成本都是你可以接受的，那么考公对你来说就是最优的选择。

又如你选择灵活就业，你的收益是相对自由的时间，能拿到一份即时的收入，如果你的精力足够，你可以同时做好几份零工，让收入做加法。如果你的技能过硬，比如你唱歌很好，或者美甲做得很好，你的收入上限也会很高。

但机会成本是，你可能要放弃收入的稳定性，放弃部分劳动者权益。因为同企业联系不紧密，还可能放弃一些对社会的归属感。因为大多行业比较吃“青春饭”，你还可能放弃一些规律的作息，以及在一个行业长期深耕的机会。这些都是你的机会成本，如果你觉得这些机会成本是可以接受的，那么灵活就业对你来说是个很好的选择。

再如你选择去私企上班，收益在于薪资相对可观、工作能力提升较快，并且有机会结识一些不错的人脉。

但机会成本是，你放弃了一部分的安稳性，因为私企竞争激烈，需要你不断顺应公司战略调整自己的工作内容，并且还时常会有被裁员的风险。如果你想往高职位攀爬，可能还得舍弃一些陪家人的时间，甚至舍弃一些睡眠时间，因为肩负的责任较重，加班熬夜总是难免的。考虑清楚这些机会成本，如果你是能接受的，那进私企上班也是个不错的选择。这三大类职业背后都有机会成本，你能接受哪些机会成本，哪些行业就最适合你。

买不起房，还留在大城市吗

年轻人买不起房，还留在大城市吗？近几年国内各大城市都在抢人，左手是各种人才补贴，右手是降低落户门槛。但对年轻人而言，能否在一座城市留下来，最现实的问题是能否买得起当地的房子。五位数的月薪看起来不少了，但跟动辄大几百万的房价相比却远远不够。很多年轻人在大城市奋斗数年还是选择了离开。有人拿深圳开玩笑说，这座城市要的就是年轻人的青春。

对于买不起房的年轻人究竟还留不留在大城市，有朋友觉得买不起房不如趁早回家结婚生娃，也有朋友觉得可以趁年轻在大城市多打拼长长见识，以后再回去也不迟。对这个问题大家各有各的态度，这里仅谈涉及的工作和房价。

先说工作。当下经济形势不好，如果你在大城市有一份稳定的工作，建议你按兵不动先干着。当下待业的人很多，不少是大厂裁掉的员工，一些人已失业好几个月正在降薪找工作。你现在跳槽就是在一片红海中同他们竞争，大概率找到的工作还不如现在的。

如果你在家乡工作，考虑要不要来大城市，就得分情况了。

第一，如果你想迅速找份挣快钱的工作，可以去送外卖、送快递、做家政、做月嫂等，因为这些行业都需要人。

第二，如果你想进入知识门槛较高的行业，比如金融、互联网、化工、材料、医药、生物工程等，你可以先等一等，因为来了也很难马上就业。等大环境变好了，岗位需求旺盛了再来也不迟。

第三，如果你在大城市处于待业状态，从工作角度来说，你需要重点考虑工作需求。比如，你从事互联网运营这类工作，只有在大城市才有，在老家根本没有，建议你别轻易回去，可以一边灵活就业，一边投着简历，用时间换空间。反之，如果你从事的工作老家也有，只是薪资待遇略低一些，从工作的连续性考虑，你也可选择回老家从事相关工作，待经济复苏再来大城市也不迟。

再说房价。一般来说，二三十岁的年轻人买房，既要考虑居住需求也要考虑投资需要。毕竟未来人生还有好几十年，现在买的这套房子很难说能住上一辈子。所以，房价的未来走势也是需要考虑的一点。

从长期来看，我国城市的房价很可能向两极分化：小城市随着人口流出需求会减少，房子会逐步走向“鹤岗化”；而大城市随着人口不断流入，需求增多，房子会逐步走向“香港化”。当下北、上、广、深四座一线城市之外，很多新一线和二线省会城市的人口净流入都在年年攀升。从长期看，这些城市的房价至少是比较保值的，好地段的房子甚至还有升值空间。

所以在大城市奋斗的年轻人，即便在一线城市买不起房子，也可以考虑在离家乡较近的新一线城市或省会城市去买房，毕竟这些地方的房价努努力还是能够得着的。

另外从就业考虑，这些新一线和省会城市的就业机会和薪资待遇也比老家要好，竞争也不像一线城市那么激烈，所以综合来说是一个折中的选择。

其实，在工作和房价之外我们每个人都是特别的，每个人家庭情况不一样，自我目标不一样。有人结婚了，有人还单身；有人父母老了，有人父母还年轻；有人更看重长远的发展，有人更在意短期内多挣钱。所以对于“买不起房，是否该留在大城市”这个问题没法一概而论。关于工作和房价的建议仅供参考。

“啃老”的深层逻辑

一直以来人们对“啃老”都充满了鄙视，认为明明到了可以自己谋生的年纪，还靠着父母供养是没出息的表现。但在经济不景气的当下，“啃老”却是不少年轻人的真实状态，他们空有一身本领却找不到满意的工作。那么当下年轻人该不该“啃老”？

首先站在孩子角度，要问“啃老”的目的是什么？尽管当下很多人失业，但另一个现象却是“招工难”，比如制造业、建筑业、运输行业，还有快递、家政等服务行业都需要人。很多年轻人可以去做但不愿去，他们会综合考虑很多因素，比如薪资待遇、自己的长远规划和发展等。

从经济学角度来说，任何失业都有自主选择的成分。因为劳动力也是商品，商品卖不出去可以打折出售。但你让一个学富五车的年轻人去做环卫工他愿意吗？他不愿意。他宁愿待业在家让自己充电学习，也不愿廉价出售自己的劳动力。

回到刚才的问题，年轻人“啃老”的目的是什么？一种是为了单纯享乐，另一种则是为了蓄力再起飞。前者缺乏上进心，长久下去会“啃老”成瘾，失去对社会的适应能力；后者是把“啃老”当成一种短暂过渡，为了腾出更多时间来积累自己的无形资产提升身价。比如，他们会主动学习与工作有关的课程、书籍等。对这种“啃老”应多一些理解和包容。该谴责的是第一种“啃老”，当然“啃老”的前提是父母的经济能力允许，否则，对孩子来说边学习边灵活就业可能是更经济的选择。

再从家长的角度重新理解一下“啃老”。从一个孩子呱呱坠地开始，家长就一直在对孩子投资，一直贯穿整个学生时代。一般默认学生时代结束，对孩子的投资就可以停止了。这在过去没有问题，因为竞争环境不一样。

过去是一个增量时代，各行各业都需要人，10 个萝卜 12 个坑，岗位多人少，就业竞争压力较小；现在是一个存量时代，20 个萝卜 10 个坑，竞争压力更大。随着服务业的兴起，年轻人的职业选择越来越多样化，以前毕了业进工厂、进药厂，干的工作大同小异。而现在一个寝室的四个学生，毕业后可能一个去做了房地产销售，一个做了互联网运营，一个正在考事业编，还有一个正在做你都没有听过的工作。

一边是职业选择越来越丰富，一边是各行各业越来越卷。综上两点我们便看到一种现象，现在初入社会的年轻人可能需要经历漫长的探索期，一年换好几份工作对他们来说是家常便饭。他们一边收入不稳定，一边又要承受衣食住行等各项生活开支，一个月的工资可能还买不起一台笔记本电脑，面对这样的窘境，父母在这个阶段还要继续给孩子一些经济上的接济，可以看成是对孩子投资的一种延续。

从过去成年了就不再给孩子钱，到毕业后就不再给孩子钱，到毕业后还可以继续给孩子钱，哪怕是打借条也给。这个过程的递进在顺应着时代投资。不同时代有不同的投资策略，对金融品如此，对孩子也一样。

最后，回到“啃老”这个词，它更多是一种道德上的论断，是谴责那些没有进取心的年轻人坐吃山空。但另一边也切忌滥用这个词，因为从经济学的角度看，它是在优化资源的配置，同样的两万元钱，放在家长手上可能只能吃点微薄的利息，但投资给孩子可以让他不因匆忙而着急地选错方向，长远来看，这两万元创造的价值会比自己捏在手上大太多了。

退休生活早谋划

随着年轻人工作、生活的压力越来越大，很多人想着“早日退休，颐养天年”。其实互联网公司员工平均年龄在30岁左右，大型互联网公司员工平均年龄不超过35岁。有互联网员工表示，互联网科技企业都是快节奏企业，在末位淘汰制的残酷竞争下，人才流动性很大，在互联网科技企业“熬够”15年不是一件容易的事。同时干满15年想“提前退休”的员工还有个前提是，服务的企业基业长青，能够在激烈的市场竞争中稳健长存。可见提前退休其实不是那么容易。

虽然不是人人都有干到干不动为止的信念，但每个人都会面临退休问题，退休后的生活质量能否和退休前保持一致？

根据2021年中国养老前景调查报告显示，35岁以上群体退休储蓄金的目标为139万元，预估年青一代（18～34岁人群）的储蓄金目标将近155万元。客观来说，退休后的生活开支相比工作时会有一定的减少，但是相对地，医疗、旅游等开支也会增加。按照国际惯例，要维持一个较为合理的生活水平，较高质量地保证退休后生活水平和收入不下降，养老金替代率应维持在80%左右为宜。比如说，2002年某一城市新退休人员每月领取的平均养老金为650元，而同年该城市在职职工的平均月工资收入为1100元，则2002年该市退休人员的养老金替代率为59%。

在这个人人都可能面对“百岁人生”的时代，如何不失体面地老去，可能是每个年轻人都在思考的问题。日本NHK拍摄的纪录片《老后破产》向我们展现了日本老人退休后破产的现状，令人印象深刻。步入晚年的田代先生每月大概有10万日元（约合6000元人民币）的养老金。老人每月房租约合人民币3600元，剩下的2400元用来生活。去掉水、电、煤、气等公共支出，再交完保险，手里的生活费就只有1200元了。在采访中他拿出了事先买好的面条告诉记者，他平时吃饭每顿约合人民币6元左右，不敢犒劳自己。只有到确认养老金到账的那一刻，他才允许自己去附近一所大学的学生食堂奢侈一回吃24元的午餐。

影片中老后破产的案例不乏有年轻时实现财务自由的人。这些老人年轻时都和你我一样认真工作，做好了退休后的储蓄计划，却没想到老后生活如此孤独辛苦。而老后破产并不是一个伪命题，它也取决于我们如何规划。

具体而言，20 多岁的年轻人刚刚步入社会，对你们来说退休还很遥远。在这个阶段的年轻人普遍处于成长期，重视人力资本，多学习一些经济学知识，未来收入增长可观，也可以承受一些风险。

三四十岁的人大部分已经有了清晰的职场定位，也有了一定的经济基础，在这个时期开始准备养老金所付出的比例会比较小，如果利用好复利效益，会积累一笔不错的退休养老储备。

如果你已年过四十就需要增加一些紧迫感了。虽然这个年纪看上去距离退休还有一段时间，但这个时期上有父母需要养老支持，下有子女教育需要投入，如果收入增长已经放缓，在养老资金的准备上就必须通过投资和结余规划安排上了。

而 50 多岁的人即将步入退休生活，这个年龄段的理财备战不能太保守，更不能太冒失，如果积累较少，可能还需要做好继续打拼的准备。

其实年轻人搞所谓的提前退休计划，未必真的想提前“躺平”，更多的是整个社会财富增量放缓背景下的一种自我观照。年轻人喊喊口号释放下压力可以，但一定要想好退休后怎样维持财务健康、增强退休养老储备，才有利于提升幸福感。

我国为何要发展县城

近期国务院办公厅发布了一份文件，对我国1800多个县城的发展指明方向。这就是《关于推进以县城为重要载体的城镇化建设的意见》，表明我国开始重视县城的城镇化建设，原因有以下几点：

一是城镇化到了关键时刻。改革开放40多年来，我国城镇化率从1978年的约18%到2021年已接近65%，城市的人口红利达到瓶颈。2021年，北上广深的常住人口加起来仅增长11万多；杭州、成都两大城市新增人口都不到25万。于是县城成了城镇化重心转移的重要角色，它上接城市下接乡镇，是城乡融合的关键。数据显示2021年年底城镇常住人口9.1亿人，其中县城（含县级市）2.5亿人，占比近30%，也就是我们常说的“城里人”有近三成是住在县城的。这么多人口住在县城，未来还有大量农业人口转移到县城，所以强调县城的城镇化建设显得尤为必要。

二是县城是拉动内需的支撑。数据显示，县城在全国GDP占比约为40%，但县城人均市政公用设施固定资产投资仅为城市的二分之一左右，县城经济总量挺大，但基建发展却远远不够，所以国家希望以搞基建的方式，比如推动老旧小区老化管网改造，推进数字化改造，医院、学校的建设和升级等拉动县城投资消费，但城镇建设不能重复建设搞内斗，而要统筹全局，缺什么建什么，用一县一策方法来补齐短板弱项。

三是县城城镇化关系到人口规划。现在年轻人往大城市跑，因为大城市能提供更好的就业发展机会。当大量人口流入后，交通拥挤、住房困难、医疗教育资源紧张等大城市病突出，风险也更高。人们会慢慢发觉城市并不是万能的，所以我国的城镇化需要均衡发展，才能够应付未来的风险和挑战。

虽然大环境是推动县城发展，但县城与县城之间还是有区别的，根据文件内容，未来县城的发展方向主要有三类：

第一类是大城市周边的县城。这部分县城邻近发达大城市，通过大城市辐射既能分享交通和产业红利，又可以起到疏解人口作用。比如，我国最强县昆山主动融入上海，已成为智能制造、半导体及生物医药等高端产业创新地。2021 年 GDP 高达 4748 亿元，比大部分地级市都要高。类似于这样的 GDP 超千亿的县城，到 2021 年我国有 43 个，随着新都市圈和中心城市崛起，这类城市通过接收大城市的产业转移，其发展速度必定快于普通县城。

第二类是有自身特色产业的县城。这类县城就是发挥各自比较优势。比如：工业强的县城要加强制造业转型，像百强县最多的江苏省有一个“中国眼镜之都”，眼镜片产量占全国 75% 以上、全世界 50% 以上；农业强的县城要做强农产品加工业和农业生产性服务业，更多吸纳县域内农业转移人口；地理位置好的县城可以发展仓储物流，打造工业品和农产品分拨中转站；旅游资源强的县城可以加强休闲度假、养生养老等产业发展。当每个县城重点发展自身特色产业时，能形成专业化的产业集群，不再是过去那种无序竞争。再加上国家对这类县城基础设施的大力投资，可以吸引相关产业人才回流，未来更多人找工作就不必一窝蜂涌向大城市，在家门口就能找到好的工作机会。

第三类是引导人口流失的县城转型发展。这类县城过去是靠单一资源发展，比如煤炭、石油等，随着产业萎缩，人口流失，这些县城也随之萎缩。因此这类县城面临的已不是产业如何发展、经济如何增长，而是要严格控制投资，避免无效投资。文件中提到：有序引导人口向邻近的经济发展优势区域转移。就像一些农村合并一样，未来人口流失的县要逐渐和周边城市合并一同管理。

县城在新一轮城镇化建设过程中，资金需求很大，而县级层面普遍财力不足，需要多方努力，比如上级财政转移支付谁能多分点儿？考核标准就是要与农业转移人口市民化挂钩，人多的地方多分。当然还包括支持符合条件企业，发行县城新型城镇化建设专项企业债券等方式。未来县城发展可能会更加分化，靠近一二线大城市且有自己特色产业的县城，加上国家在基建和公共服务方面的投资会迎来利好，而对那些没什么产业，人口一直在流失的小县城则是一种利空。所以想回家乡创业投资的朋友，一定要先看看自己的城市到底属于上面三类中的哪一类。

农村户口的三大利好

2020 年我国常住人口城镇化率近 64%，流动人口达 3.76 亿，人口流动的一个特点是从农村向城市聚集。农村人口在城市就业，面临落户难、住房难以及宅基地管理难的问题。最近国家发布了新规，覆盖落户、住房、宅基地等方面。如果你是农村户口，以下内容关乎你的利益。

2021 年 8 月 27 日，《国务院关于印发“十四五”就业促进规划的通知》（以下简称《通知》）中提到，要充分发挥市场配置劳动力资源的决定性作用，瞄准重点地区、重点行业和重点群体，切实兜牢民生底线。其中重点群体包括高校毕业生、城镇青年、退役军人、农村劳动力等。

第一点，放开放宽落户限制，试行以经常居住地登记户口制度。

我国目前执行的是以户籍地登记户口，我国户籍人口城镇化率仅有45.4%。也就是说，有2.6亿人常住在城镇但户籍还在农村。一些年轻人进城打工，虽获得高收入但户口还留在农村，如果不能在城市落户，等到孩子上学时只好把孩子送回老家上学。但从2022年起，可以试行以经常居住地登记户口制度了。本次《通知》明确规定，除了个别超大城市外，如上海、北京、重庆、广州、深圳、天津，推动在城镇稳定就业生活、具有落户意愿的农业转移人口便捷落户。如果你工作的城市不在以上6个城市，那接下来落户就会变得简单了。

第二点，建立农业转移人口落户数量和保障性住房规模挂钩机制。

离乡就业、异地求学，新市民能否真正融入城市，首要解决的是住房问题。调查显示，在大城市有70%的新市民和青年人靠租房住，但付得起租金的房子位置都比较远，位置好的租金又比较贵，这是新市民买不起房，租不起好房的现实困难。

《通知》明确规定，建立农业转移人口落户数量和保障性住房规模挂钩机制。就是说，一个城市有多少人就要匹配一定比例的保障性住房，原来依靠卖地作为财政收入的地方政府，只有吸引更多的人口才能争取到用地指标。这意味着，农村进城人口多的城市，保障性住房的建设力度也会更大，如果未来能进一步推动“租购同权”，让租房者与购房者拥有同等入学等权益，一些进城工作的农村人就可以安心工作了。

第三点，保障进城落户农民宅基地的使用权。大量农村人口进城，既担心在城市里安家，没办法变成“新市民”身份，又担忧家里宅基地、耕地闲置，这是造成就业不稳定的原因之一。如果你在老家有宅基地，就算你在城市落户了，农村土地承包权、宅基地使用权、集体收益分配权也是受到法律保护的。

有人问，“我打算在城市定居，想把自己农村的宅基地转让出去，这是否可行”？

《通知》明确规定，农村人口进城落户后，农村土地承包权、宅基地使用权、集体收益分配权依法受到保护。要健全农户“三权”市场化退出机制和配套政策。如果你自愿将宅基地使用权转让出去，也会有相应市场化退出机制和配套政策。在符合规划的情况下，依法登记的宅基地可以发展民宿、农产品加工、电子商务等农村产业，宅基地的价值正在提升。

《通知》中有这样一句话：劳动报酬提高与劳动生产率提高基本同步，更多劳动者实现体面劳动。何为“体面”？就是城里“土著”与“新市民”都应享有教育、医疗等基本公共服务，这需要我国户籍制度的改革加快，让落户更便捷，流动更自由。另外，要让那些新市民有基本的居住能力，买不起房也能租得起房，这需要政府更好地发挥作用，大力推进保障性租赁住房建设，控制住房租金涨幅。最后，保护好农村宅基地，让农民住有所居，进一步降低进城务工人员的后顾之忧。这是农村人口之大幸。

城市人才争夺战

近日有两个与大学生相关的话题冲上热搜，一个是浙江大学生创业失败贷款 10 万以下政府代偿，另一个是第二轮“双一流”高校名单的发布。这两件事反映一个共同趋势，即我国城市间竞争格局大洗牌，任何城市都无法逃脱。

先说浙江。除了支持创业，浙江还发布了放开落户限制，给到浙江工作的毕业生 2 万到 40 万元不等的补贴等政策，这是抢人大战。早在 2015 年浙江就出台政策，符合条件创业者可申请不超过 30 万元的贷款；2018 年又把贷款额提高到 50 万元。除杭州市区，全省放开专科以上学历毕业生的落户限制，杭州落户条件为本科以上。2018 年杭州推出人才落户政策，从 2018 到 2020 年，人才净流入占比分别为 1.2%、1.4%、1.6%，杭州连续三年居全国之首。

从全国来看，抢人大战由来已久。五年前武汉实施“百万大学生留汉创业就业工程”，打响抢人大战第一枪。此后重庆、杭州、天津等城市也纷纷加入，如天津海河计划，对顶尖人才给予最高1000万元科研经费，天津可谓大手笔。2021年连一贯强调控制城市规模的北京和上海，也针对高学历人才有条件地放开了落户，引起一片惊呼。

为何各地都在拼命抢人？原因很简单，人代表消费力，更代表创造力，人口持续流入，尤其是年轻的高学历人口流入，是城市保持发展态势的大前提。比如，杭州10年间人口净流入380万，最直接的成果是截至2021年年底全市共有195家上市公司，在全国排第四，仅次于京沪深；在消费城市发展指数中杭州排名全国第六。

不过这些城市并不是对所有人都放开落户，大多会把学历限制在本科，最低也是大专，与其说是抢人大战，不如说是人才争夺战。争夺高学历人才是产业升级的必然。我国在经历了由地产、出口驱动的简单粗暴式增长后，各地政府逐渐认识到，发展高技术含量、高附加值产业才是王道，但这些产业离不开高学历人才。2021年工信部宣布了国内25个先进制造业集群，其中有19个集中在长三角和珠三角，而长三角和珠三角是人才争夺战的主战场。

既然争夺高学历人才，如果能在本省市培养出高学历人才岂不是事半功倍？的确如此，来看双一流高校建设名单，在各省高校建设中广东省最典型，广东是中国 GDP 第一大省，而广东高等教育水平偏弱。在 2017 年第一轮双一流建设中广东全省仅有中山大学、华南师范大学等五所高校入围，广东大力投入教育建设，2020 年达到 3538 亿元，比排名第二的江苏高出 1000 多亿元。高投入换来高回报，本次公布第二轮双一流高校建设名单，全国一共新增 7 所，广东独占 3 所，可谓最大赢家。

看整个榜单除了清华和北大，双一流学科在 10 个以上的高校共有 9 所，其中 8 所位于一线及新一线城市。所以城市省份的竞争本质上是人才的竞争，是人才培养能力的竞争。

然而，我们也发现越来越多的小城市开始人口外流、经济增长停滞。第七次人口普查数据显示，过去 10 年东北三省人口减少 1100 万人，虽有 11 所双一流高校，但毕业生留存率极低，哈尔滨工业大学、吉林大学、大连理工大学等高校毕业生留存率甚至不足 20%，东北三省 GDP 占全国的比重也由 9.2% 降至 5%。小城市本没有足够吸引力，现在大城市又重金抢人，小城市未来怎么办？选择落户大城市的人，收获的是越发宽广的就业舞台，也承受数倍于小城市的竞争压力；选择留在小城市的人，将要面临的是平静如止水、规律如钟摆的生活，以及无法安放的灵魂。面对这一趋势，你该做出怎样的选择呢？

人口流动大洗牌

截至 2022 年 3 月 28 日，全国已有 25 个省市发布了 2021 年人口数据。与 2020 年相比，有 14 个省市常住人口还在正增长，11 个省市进入人口负增长阶段。数据背后释放了哪些信号？这些信号又将产生什么影响？

第一个信号：热点二线城市是人口增长的主力军

14 个正增长的省市中，浙江省常住人口增加 72 万人，位居全国第一，看来抢人大战政策很管用。经济第一大省广东在过去一年，以常住人口增加 60 万人排名第二。湖北 2021 年的常住人口增量达 54.7 万人，首次超江苏进军前三。湖北人口净流入量大，原因是随着湖北经济全面恢复，人口回流加速。此外，江苏、福建、广西、海南、山东和新疆的人口增量，也纷纷跻身前十。

具体到城市，究竟哪些城市人口增量最多？从目前公布的28个主要城市人口数据看，增长最多的是成都和杭州。2021年成都常住人口与2020年相比增加了24.5万人，值得注意的是目前成都常住人口占全省比重为25.3%，每四个四川人中，就有一个成都人，由此可见成都对全省人口的虹吸效应有多强。

位列第二的杭州在2021年净增23.9万人，与成都差距很小，这背后离不开杭州的人才吸引政策。有数据显示2019年杭州人才吸引力排在上海、深圳、北京、广州之后，到了2020年杭州一跃到了第二位，仅次于北京，人才吸引力背后是杭州愿意砸真金白银抢人才。单从补贴上看，一名毕业生到杭州工作，本科拿1万，硕士拿3万，还有每月800多元的租房补贴，2000元左右的就业补贴。而2022年又推出“创业失败政府代偿10万贷款”的政策，想必年轻人的流入还会继续。另外，南昌、青岛、宁波、郑州、嘉兴、南京、福州，人口增量都超过了10万人。这些热点二线城市正成为人口增长的主力军。

第二个信号：中国经济和人口重心南移依旧在继续

在11个人口负增长的省市中，黑龙江常住人口较2020年减少46万人，这相当于一个中级人口的县城人数。黑龙江省常住人口是从2011年开始下降的，11年来常住人口减少了

708 万人，比青海全省人数还要多。即便如此，黑龙江 2021 年人口减少的数量只能排第二。

排第一的是河南，2021 年河南常住人口减少 58 万人，这是近 10 年来河南常住人口数量首次减少。作为中国劳务输出大省人口外流依然在加速，另外从 2016 至 2020 年，河南出生人口从 143 万人跌至 92 万人，2021 年更是跌至 79.4 万人。流出人口明显增加，出生人口一路走低，人口减少就不足为奇了。

除了黑龙江、河南外，还有 9 个省市常住人口也减少了，包括：北京、江西、内蒙古、贵州、山西、甘肃、天津、河北、湖南。值得注意的是，整个京津冀的人口都在负增长。北京人口减少了 0.4 万人，河北减少 16 万人，天津减少 13.6 万人。如果说北京人口减少是主动疏解非首都功能造成的，那天津呢？自从 2017 年后，GDP 总量被挤出全国前十，人口吸引力也大大减弱。2010 至 2020 这 10 年天津仅增长 92 万人，与杭州、成都相差甚远。中国三大城市群之一的京津冀落到如此局面，再次证明中国经济和人口重心的南移。

第三个信号："逃离北上广"不再是一句营销口号

2021 年北京人口减少了 4000 人，上海只增长了 1 万人，广州只增长 7 万多人。三大一线城市加起来只增长了 7.7 万人，还不到成都的三分之一。第七次人口普查数据显示，从 2010

到2020年，北京平均每年净增22.8万人，上海平均每年净增18.5万人，广州平均每年净增59.7万人。也就是说过去10年北上广三大城市平均每年合计增长101万人。从年均增长101万人下降到7.7万人，为何增长突然失速？一是受外部因素影响，没有正常复工的人很多；二是这三大城市生活成本高，一部分人主动离开了，比如落户难，影响孩子教育，房租每年都在上涨等，离开是大多数人的无奈之举。

说到底，人口是一切经济的晴雨表，中国人口红利正在消失，未来各城市对存量流动人口竞争会更激烈，大城市聚集了很多就业机会和医疗教育资源等，依旧是不错的选择，但普通城市吸引增量人口的难度越来越大。所以，未来不管投资房产还是就业创业，该选择哪些城市你有目标了吧？

中国最大职业迁徙潮开启

中国正在进行一场最大规模的职业迁徙潮，这关乎很多人的命运。把时间线往长拉一下，从 2010 年开始到现在，中国共经历了五次大的裁员潮：2012 年全球范围电子、金融等行业大裁员；2016 年的线上线下电子商务裁员潮；2019 年的互联网裁员潮；2020 年的外部因素裁员潮；2021 年在线教育及教培机构大裁员。而规模最大的一次就是 2021 年的这次。数据显示，我国教育培训机构在 70 万家以上，K12 从业人员超过 1000 万人。这一人数与 1000 万义务教育阶段在校教师体量相当。

总结近 10 年这五次大的裁员潮，除 2020 年外，这些裁员潮有着多处相似，发展极快的行业吸引了众多资本的重仓押注，导致了企业有足够的钱吸引人才，行业薪资高于平均水平，从业人数规模巨大。但当行业的泡沫被戳破，从业者不得不陷入裁员潮。

有人问，现在全球经济不同程度下滑，这个时候国家对这些行业下手，这不是让本就非常严峻的就业矛盾更加紧张吗？但另一方面我国还面临很多“卡脖子”的问题，这关乎国家发展安全，注重实体经济的发展，例如高端制造、高新科技等，中国已经进入实体经济转型的关键时期了，凡是对民生、对实体产业构成威胁的行业都将受到最严厉的制裁。国家意图是什么？就是让更多的年轻人进入实体产业，这是中国社会一次巨大的阵痛，也是中国崛起的机会。

中国实体产业的人才缺口一直非常巨大。特别是传统的加工、制造、服务行业，销售、设计、生产、服务等各个环节都缺人，特别是年轻人。一个远洋货运集团招募水手，薪资待遇很好，给推荐者的中介费也很高，但水手岗位还是有巨大缺口，原因是去的人要在海上漂泊半年，非常辛苦，几乎没有年轻人愿意去。人社部提出，到2021年年底，力争实现技术工人占就业总人数25%以上，高技能人才占技术工人30%以上的目标。人才，尤其是年轻人才重返制造业等实体产业，从来没有像现在这样重要和迫切。当你读懂了国家的大战略，你就会明白国家近年来大力整治对民生、对实体产业构成威胁的行业的目的。让更多人能轻装上阵，把更多的精力、时间、财力、热情拿去创造价值，建立价值创造型社会，这才是中国最大的国运。

中国科技红利正在到来

2022 年 9 月，中央全面深化改革委员会会议提到“健全关键核心技术攻关的新型举国体制”，即核心科技 + 新型举国体制，这种表态意味深长。关键核心技术的重要性大家都知道，它是国之重器，还关系国家安全的重大问题。

从外部看，面对中国快速发展，以美国为主的西方国家，遏制和打压中国科技进步的行为变得越来越疯狂，从限制一般产品进口到对中国高新科技企业实行技术和产品“双封锁”，就像前段时间美国出台的芯片法案，就是针对中国的这项“卡脖子”技术，试图让中国停止前进的步伐。

从内部看，国家对科技创新非常支持，10 年来，中国对高科技的投入翻了一番，从 2012 年的将近 10 万亿元增至 2021 年的将近 20 万亿元。但结果并不令人满意。现实中高校和科研院所的研究重点依然聚焦于论文发表与专利申请，很多并没有针对企业的实际需求展开研究，最后研究成果是通过验收了，但无法真正转化成产品和技术运用到市场中。长此以往就形成造不如买的氛围，我国目前很多“卡脖子”技术不是从来没有做过，而是在依赖引进的过程中半途而废。

这次高层会议提到新型举国体制。举国体制就是集中力量办大事，两弹一星、载人航天、南水北调等重大工程都发挥了举国体制的巨大作用。但是随着中国市场经济的不断发展，我国的民营企业成了一支很重要的力量。为了激发全社会活力，国家就不能什么都抓什么都管，何况这样做未必能抓得好、管得好。因此新型举国体制，就是要打破旧举国体制的各种弊端，除了继续发挥政府集中力量办大事外，更多的是利用科技产业政策和行政税收等手段加以引导，让企业成为科技创新主体。比如，未来在重大关键技术研发和生产方面，只要技术足够先进、性价比够高，民企也能拿到相关订单。举这个简单例子方便大家理解，实际上新型举国体制要统筹政府与市场、中央与地方、成本与收益等多方面的运行机制，这还需要不断探索。

相信在新型举国体制下，国家会加速发展关键核心技术。企业家可以多关注国产替代方向，比如芯片、种子、生物制药等，每一项技术实现突破，都会带来巨大的市场。另外，这次高层会议提到：要充分发挥市场机制作用，相信接下来国家会在一些领域进一步放开民间投资，如果这些领域涉及重大科技创新，大家可以通过股市等渠道，谨慎投资，从而分享时代发展红利。最后，强化科技发展一定离不开人才培养，未来孩子面临专业选择或者职业发展时，要多考虑一下国家战略发展需求，再结合自身兴趣、爱好，从而做出最优选择。

举一个通信工程的例子。在改革开放初期，通信设备严重依赖进口，一台普通电话的装机费高达几千元，一台“砖头”大的普通手机近万元。后来随着中国通信行业的不断发展，直到做到全球第一，不仅让手机成为日用消费品，一两千元就能买到优质的国产手机，而且成为多年高考志愿填报的热门专业，并推高了整个行业的收入。以国内某头部通信企业为例，2000年本科生的月薪就达到7000元，年终还有10万～16万元的分红。这就是一个典型的曾经受制于人现在成为全球领头羊后的行业，国内企业以及相关从业者的变化。

面对一次次的历史机遇，没做好准备的会被无情甩下时代列车，胸有成竹的则迎来一个新的时代，面对正在到来的中国科技红利的时代，希望你是那个幸运儿。

“人工智能（AI）时代”来了，还有哪份工作留给你

我国就业难有三点原因：

一是由于外部因素导致开工不足，工作岗位骤减；二是经济不景气，让失业人数增多；三是人工智能时代来了，一些工作会被机器替代。

前两点原因会随着形势的变化而减弱，第三点原因会随着时间推移对就业的影响越来越大，这将是我们每个人都会面临的难题：人工智能时代来了，还有哪份工作留给你？

我们原来想，一定有很多机器不可能完成的任务必须由人来完成，现在看来不是这样了。机器可代替人的地方太多了，甚至超出了我们的想象。未来的发展方向是，随着时间的流逝，机器变得越来越强大。人类的工作会越来越少，机器的工

作会越来越多。如果这个时代来了，人类会被AI替代吗？

当人类发明汽车后，机器就取代了动物，汽车代替了马车，未来是无人驾驶的电脑程序在开车。现在车库不需要人了，自动扫码缴费；高速公路不需要收费员了，可以自动缴费；超市不需要人了，可以自动扫码；银行不需要人了，有自动取款机；看病不需要医生了，由机器人诊断做手术；股票交易不需要人了，在手机和计算机上完成；未来也不需要这么多老师了，每门学科可能只需要少数老师就够了，多数老师都在批改作业做辅导员。未来很多人的工作会被机器替代，像老师、医生、银行柜员、超市收银员、车库收费员、证券公司交易员等都有可能被替代。

以上说的还都是用机器代替人的某一项技能。而人工智能是指机器代替人类的大脑工作。当人工智能时代来临，也会产生一些新的工作，例如，为机器人服务的工作会应运而生。人类的工作将被机器替代这是大势所趋，但还会留下一些工作让人类完成。

未来什么人还会有工作呢？那些会计算机编程的人，可以把一个东西写下步骤的人，像跑数据等，未来都很需要。什么工作有危机，就需要你考虑了。但大家千万不要认为，低工资的工作会先被代替，其实工资的高低与是否被替代没有必然联系，有些低工资的反而不会被机器替代，而高工资的有可能很快就被替代了。

人类创造性的工作不可被替代。比如，写内容的、写小说的、做电影电视剧编剧的、做美术的、投资机器人的人，未来会涌现出很多的高端服务业。有些简单的工作是不容易被马上替代的。

不管你喜欢与否，人工智能的时代都必将到来，我们要做好迎接它的准备。未来哪些工作没有了，哪些工作会兴起，还有哪些工作留给我们，这值得我们每一个人思考和面对。

人工智能时代来了，我们要有危机感，要学会在人机竞争中求得生存。

后记

书的初稿完成时，看到满山遍野的红叶，才知北京已入秋。

这本书脱胎于两年来我做的近千个短视频，从中挑选与就业相关的内容整理修改，写成了这本书。这个过程就像挑珍珠，一粒粒打磨，穿成项链一样，把最精华的内容浓缩成书送给你。这一年来，我利用所有的空闲时间来写书，就是想让此书尽快出版，给正在寻找工作的你，送去帮助。

我经历过“上山下乡”的年代，那时有几千万学生奔赴农村，我是滚滚洪流中的一员。因此，我对现在年轻人找不到工作的痛苦感同身受，常常夜不能寐。我国年轻人找不到工作该怎么办？我呼吁：国家应该帮助他们，全社会都要把就业当作一件大事来对待。我们一定要给年轻人希望，让他们能找到工作，这是眼下全社会都该重视的问题。

最近两年，就业形势越来越难。眼下，就连发达国家的互联网大厂都已开始裁员。举目望去，从亚洲到欧洲，从中国到美国，裁员潮愈演愈烈。究其原因是全球经济出了大问题，才会呈现如此艰难的就业局面。

每个人在找工作时，要发挥自己的比较优势，在短期收入和长期发展的选择上，你要放弃短期赚钱多的诱惑，选择长期有发展前途的工作。很多人都希望自己能赚到快钱，但没有考虑到这份工作对你的长期发展如何。在挑选工作时，你要学会用经济的理念去判断和思考，这样才会走好你的人生路。

就业难题何时解，我们不得而知，只盼着未来有更多的工作岗位涌现出来。宏观经济走势如何，我们无法左右，每个人只能把握自己。在经济形势不好、找工作困难的情况下，你要面对现实做出选择。

外界环境对每个人来说，都是相同的。我们要做的是，直面困难，找到出路。在所有不确定性面前，唯一可以确定的是，你只有不断努力，才有可能超越自我，找到一份工作，要相信，人生总会有路可走。

希望这本书能对你有所帮助，为你分担忧愁。还好，你还年轻，你还有希望，你还可以闯出一条路来。

合上这本书时，冬天已然来了。希望在新的一年里你能得偿所愿，在充满变数的年代，请你选好赛道，抓住机会。

2022 年 11 月 11 日于江西吉安
韩秀云